规划你的大学

李海民 著

Planning your College

人民交通出版社股份有限公司
China Communications Press Co.,Ltd.

内 容 提 要

大学是一生中知识储备、性格成熟、人生成长的关键时期，本书作者基于多年学生职业生涯发展规划辅导和职业能力教育方面的实践与经验，旨在帮助学生激活职业生涯意识、全面深刻认识自我、梳理职业生涯资源、理清职业发展方向、确定职业生涯目标、找准人生定位、增强学习动力，学会在校期间有计划、有目的、有规划地生活、学习，走好今后的职业生涯发展之路。

本书可供在校大学生阅读学习，也可作为从事就业指导工作的教师以及社会相关人士的参考书。

图书在版编目(CIP)数据

规划你的大学/李海民著. — 北京:人民交通出版社股份有限公司,2016.6

ISBN 978-7-114-12726-7

Ⅰ.①规… Ⅱ.①李… Ⅲ.①职业选择—高等职业教育—研究 Ⅳ.①G717.38

中国版本图书馆 CIP 数据核字(2016)第 118761 号

Guihua Nide Daxue

书　　名：规划你的大学
著 作 者：李海民
责任编辑：王　霞　王景景
责任校对：孙国靖　龙　雪
责任印制：张　凯
出版发行：人民交通出版社股份有限公司
地　　址：(100011)北京市朝阳区安定门外外馆斜街 3 号
网　　址：http://www.ccpcl.com.cn
销售电话：(010)85285857
总 经 销：人民交通出版社股份有限公司发行部
经　　销：各地新华书店
印　　刷：北京虎彩文化传播有限公司
开　　本：720×960　1/16
印　　张：13.75
字　　数：195 千
版　　次：2016 年 8 月　第 1 版
印　　次：2025 年 8 月　第 8 次印刷
书　　号：ISBN 978-7-114-12726-7
定　　价：42.00 元

前言 Preface

规划大学　掌握人生

每年有近百万大学生找不到工作,这是我们不得不面对的现实。

几年后,你会不会是其中的一员？几年后,你是一个老总还是一名员工？几年后,你是成功还是平庸？

为什么会有这样的差别？原因何在？

美国某权威研究机构曾对哈佛大学的一个毕业班级进行了一项跟踪调查。80%的毕业生不曾有过明确的目标或抱负;15%的毕业生大致想过自己的目标和抱负,但仅仅是想过而已;仅有5%的毕业生拥有明确的目标和行动计划。毕业30年后,拥有明确目标和抱负的这5%的毕业生,不仅超额实现了自己设定的目标,而且,他们作为一个整体所拥有的净资产也远远超过了其余95%的班级成员所拥有的资产总和。

我们常常能够看到一些天赋相差无几的人,由于选择了不同的发展方向,人生轨迹迥然相异。

人生需要规划,择业需要技巧。然而,仅仅依靠这些技巧来求职是不行的。

择业需要提早入手,提早准备,在不同阶段提前梳理,找出问题,找出解决方案，在毕业前把问题解决掉。在这里，我力求通过实际案例的阐述，具体问题的解决与处理，给读者以启迪，使其针对自身情况做出最准确的判断，拿出最好的解决方案。

现在社会上都说大学生就业难，但是另外一方面，用人单位却找不着合适的人。这不光是信息沟通不够的问题，还有我们自身质量不过硬的问题。大学生是高校的“产品”，但对企业而言，大学生则是“原材料”。任何一家想谋求更大发展的企业肯定都想获得更加优质的“原材料”。我们擅长于解题目，应付考试，却不太会发现问题、提出问题，也不善于跟别人交往，不懂得处理人际关系，也不会按照别人的理解框架来表达自己。我们习惯于领导分配一个任务，出一个题目，让自己去完成。现在已经是市场经济，要自己去发现机会，看到问题在什么地方，想出解决的办法。前者是被动地做事，后者是主动地做事，立场不同，角度不同，出发点不同，以至于结果天差地远。

就业方向的选择、必要的心理准备、需要掌握的求职技巧、对未来更长远的规划以及如何更好适应新的职业环境等诸多问题在困扰着毕业生们。正是这些问题，导致这些初次就业的年轻人，不能顺利实现就业，不能稳定地形成发展。象牙塔式的高校里培养出来的大学生与市场经济的微观主体企业所需要的人才，这两者之间始终无法进行有效的对接。

总结自己多年的职业生涯规划的经验，结合诸多企业管理人员的意见，以企业的用人需求为切入点，对大学生面临的以上问题做出解读，期望对他们有所帮助，这就是我写这些文字的初衷。希望在校的大学生们从大一就意识到“职业需要规划”这一命题，摆正自己的心态，一步一个脚印，有针对性地解决好每个阶段应该解决的问题。

你现在的心态就决定未来的状态！你的时间用在哪里，你的成就就在哪里！我还年轻。是的，你还年轻。但是，成名要趁早，时间不等人。

年轻人，你还等什么？

来吧，让我们一起行动起来，毕业后，许自己一个光辉灿烂的未来！

李海民

2020 年 12 月

目录 Contents

虽然我们做了几十年的研究，但预测个人职业选择最有效的方法却是询问这个人自己想做什么。

——约翰·霍兰德

职业生涯规划

故事一　为什么要做规划

有一个非常勤奋的青年，很想在各个方面都比身边的人强。经过多年的努力，仍然没有长进，他很苦恼，就向智者请教。

智者叫来正在砍柴的3个弟子，嘱咐说："你们带这个施主到五里山，打一担自己认为最满意的柴禾。"年轻人和3个弟子沿着门前湍急的江水，直奔五里山。

等到他们返回时，智者正在原地迎接他们——年轻人满头大汗、气喘吁吁地扛着两捆柴，蹒跚而来；两个弟子一前一后，前面的弟子用扁担左右各担4捆柴，后面的弟子轻松地跟着。正在这时，从江面驶来一个木筏，载着小弟子和8捆柴火，停在智者的面前。

年轻人和两个先到的弟子，你看看我，我看看你，沉默不语；唯独划木筏的小徒弟，与智者坦然相对。智者见状，问："怎么啦，你们对自己的表现不满意？""大师，让我们再砍一次吧！"那个年轻人请求说，"我一开始就砍了6捆，扛到半路，就扛不动了，扔了两捆；又走了一会儿，还是压得喘不过气，又扔掉两捆；最后，我就把这两捆扛回来了。可是，大师，我已经很努力了。”

“我和他恰恰相反，”那个大弟子说：“刚开始，我俩各砍两捆，将4捆柴一前一后挂在扁担上，跟着这个施主走。我和师弟轮换担柴，不但不觉得累，反倒觉得轻松了很多。最后，又把施主丢弃的柴挑了回来。”

划木筏的小弟子接过话，说：“我个子矮，力气小，别说两捆，就是一捆，这么远的路也挑不回来，所以，我选择走水路……”

智者用赞赏的目光看着弟子们，微微颔首，然后走到年轻人面前，拍着他的肩膀，语重心长地说：“一个人要走自己的路，本身没有错，关键是怎样走；走自己的路，让别人说，也没有错，关键是走的路是否正确。年轻人，你要永远记住：选择比努力更重要。”

这个故事就是我们想说的问题：为什么要做规划？因为选择比努力更重要。选择什么？选择行进的方向、选择要走的道路以及要使用的方法。人生没有规划就是胡乱生长，职业没有规划岂不是随波逐流？

下面我们不妨一起来看看周迅的“规划”。

故事二　周迅：想想十年后的自己

18岁之前，我是个不知道自己想要什么的人，那时我每天就在浙江艺术学校里跟着同学唱唱歌、跳跳舞。偶尔有导演来找我拍戏，我就会很兴奋地去拍，无论多小的角色。

如果没有老师跟我的那次谈话，那么也许直到今天，仍然没有人知道周迅是谁。那是1993年5月的一天，教我专业课的赵老师突然找我谈话：“周迅，你能告诉我，你对于未来的打算吗？”

我愣住了。不明白老师怎么突然问我如此严肃的问题，更不知道该怎么回答。

老师问我：“现在的生活你满意吗？”我摇摇头。

老师笑了：“不满意的话证明你还有救。你现在就想想，十年以后你会是什么样？”

老师的话音很轻，但是落在我心里却变得很沉重。我脑海里顿时开始风起云涌。

沉默许久，我看着老师的眼睛，忽然就很坚定地说："我希望十年以后自己成为最好的女演员，同时可以发行一张属于自己的音乐专辑。"

老师问我："你确定了吗?"

我慢慢地咬紧嘴唇回答"Yes"，而且拉了很长的音。

老师接着说："好，既然你确定了，我们就把这个目标倒着算回来。十年以后，你28岁，那时你是一个红透半边天的大明星，同时出了一张专辑。"

"那么你27岁的时候，除了接拍各种名导演的戏以外，一定还要有一个完整的音乐作品，可以拿给很多很多的唱片公司听，对不对?"

"25岁的时候，在演艺事业上你就要不断进行学习和思考。另外在音乐方面一定要有很棒的作品开始录音了。"

"23岁就必须接受各种各样的培训和训练，包括音乐上和肢体上的。"

"20岁的时候就要开始作曲、作词。在演戏方面就要接拍大一点的角色了。"老师的话说得很轻松，但是我却一阵恐慌。这样推下来，我应该马上着手为自己的理想做准备了，可是我现在却什么都不会，什么都没想过，仍然为小丫鬟小舞女之类的角色沾沾自喜。我觉得有一种强大的压力忽然朝自己袭来。

老师平静地笑着说："周迅，你是一颗好苗子，但是你对人生缺少规划，散漫而且混乱。我希望你能在空闲的时候，想想十年以后的自己，到底要过什么样的生活，到底要实现什么样的目标。如果你确定了目标，那么希望你从现在就开始做。"一年以后，我从艺校毕业了，老师的话从那天开始一直刻在我的心底：想想十年后的自己。是的，当我意识到这是一个问题的时候，我发现我整个人都觉醒了。从学校毕业后，我忙于接拍各种各样的影视剧。我始终记得，十年后我要做最成功的明星，所以对角色我开始很认真地筛选。后来我拍了《那时花开》，拍了《大明宫词》，我渐渐被大家接受，也慢慢地尝到了成功的快乐。

2003年4月，恰好是老师和我谈话后的十周年，我不知道这是偶然还是必然，我居然真的拥有了属于自己的第一张专辑——《夏天》。

其实你和我一样。如果你能及时地问自己一句："十年后我会怎么样?"你会发现，你的人生就会在不知不觉中发生变化。时刻想着十年后的自己，你会朝着自己的梦想越走越近!

职业规划，是职业生涯规划的简称，就是对职业生涯乃至人生进行持续的、系统的计划的过程，它包括职业定位、目标设定、通道设计三部分内容。我们通常所说的职业生涯设计实际上是指对职业通道的设计。

认识生涯规划

生涯：生涯是指人一生中所从事的各种活动的总和，在本质上是持续一生的过程，也指生活、生命与人生。

生涯规划：即运用心理学、生命科学和生涯发展科学的专业知识，以及一些专业的测试方式，通过生涯规划技术、行为改变技术和潜能教育技术来帮助个人深入认识自我，全面了解外部世界，科学确立适合自身发展的事业、家庭和个人成长的核心目标，制定行动方案，解决在学习、工作和生活中遇到的各种问题。

工作（Job）：是由一系列相似的职位所组成的一个特定的专业领域。

职业生涯（Career）：个人一生中所经历的一系列职业与角色的总称。即个人终身发展的历程。

所以，生涯≠工作，职业生涯规划≠找工作。

职业（生涯）规划是一个过程，规划的功能在于为生涯设定目标，并找出达到目标所需采取的步骤。

活动 **生涯量量看**

活动场地：室内

活动人数：不限

材料准备：有刻度的拇指宽的纸条（图 1-1）

活动目的：认清职业生涯规划的重要性

10	20	30	40	50	60	70	80	90	100

图 1-1　有刻度的纸条

活动流程：

1. 请准备一张 A4 纸撕成拇指宽，按一个方向折成 10 格，如图 1-1 所示。

2. 假如这是你个人从 0～100 岁的生命，接下来我们来玩撕纸游戏：

（1）请问你期待活到几岁？（把活到岁数之后的撕掉）

（2）请问你现在几岁？（从前面撕掉）

（3）请问你几岁退休？（从后面撕掉，哇！就剩这么长了，这是你可以工作的时间）

（4）请问一天 24 小时你会如何分配？（请将剩下的纸褶成三等分。通常是睡觉 8 小时，占了 1/3；吃饭、休息、聊天、发呆、看电视、上网等又占 1/3。所以真正可以工作的时间约 8 小时，只剩 1/3。请你把 2/3 撕下来，放在前面。）

（5）比比看。（请用左手拿起剩下的 1/3，用右手把退休那一段和刚才剩下的 2/3 加在一起，并请思考一下你要用左手的 1/3 工作赚钱，提供自己另外 2/3 的吃喝玩乐及退休后的生活。）

（6）想一想。（你要赚多少钱、存多少钱才能养活自己上述的日子，这还不包括给父母、子女、配偶的哦！）

3. 请问你现在有何感想？

4. 请问你会如何看待你的未来？

活动总结：

1. 最后撕剩的这一小段纸条，就是我们能够用于职业生涯规划（狭义）的时间长度。通过这一对比，你有怎样的感受？有没有时不我待的紧迫感？有没有意识到生涯规划的重要性？

2. 我们每个人最宝贵的资源是我们的时间和生命，职业生涯规划就是在帮助我们去研究每个人的最宝贵的生命资源要怎样投放。我们每个人的职业生涯如图 1-2 所示。

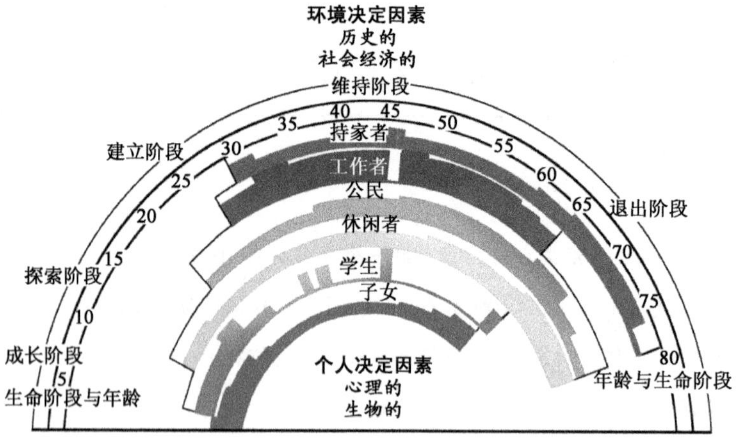

图 1-2　生涯彩虹图

个人职业规划的基本步骤

1. 自我探索

自我探索的目的，是认识自己、了解自己。因为只有认识了自己，才能对自己的职业做出正确的选择，才能选定适合自己发展的职业生涯路线，才能对自己的职业生涯目标做出最佳抉择。自我评估包括自己的兴趣、特长、性格、学识、技能、智商、情商、价值观、思维方式、思维方法、道德水准以及社会中的自我等等。

2. 探索工作世界

探索工作世界的核心是职业生涯机会的评估，主要是评估各种环境因素对自己职业生涯发展的影响。每一个人都处在一定的环境之中，离开了这个环境，便无法生存与成长。所以，在制定个人的职业生涯规划时，要分析环境条件的特点、环境的发展变化情况、自己与环境的关系、自己在这个环境中的地位、环境对自己提出的要求以及环境对自己有利的条件与不利的条件等。只有对这些环境因素充分了解，才能做到在复杂的环境中避害趋利，使你的职业生涯规划具有实际意义。

环境因素评估主要包括：组织环境、政治环境、社会环境、经济环境。

3. 决策

（1）职业的选择

职业选择正确与否，直接关系到人生事业的成功与失败。据统计，在选错职业的人当中，有80%的人在事业上是失败者。俗语说“女怕嫁错郎，男怕选错行”。由此可见，职业选择对人生事业发展是何等重要。如何才能选择正确的职业呢？至少应考虑以下几点：①性格与职业的匹配；②兴趣与职业的匹配；③特长与职业的匹配；④内外环境与职业相适应。

（2）职业生涯路线的选择

在职业确定后，向哪一路线发展，此时要做出选择。即，是向行政管理路线发展，还是向专业技术路线发展；是先走技术路线，再转向行政管理路线，还是……由于发展路线不同，对职业发展的要求也不相同。因此，在职业生涯规划中，须做出抉择，以便使自己的学习、工作以及各种行动措施沿着你的职业生涯路线或预定的方向前进。通常职业生涯路线的选择须考虑以下三个问题：

①我想往哪一路线发展？

②我能往哪一路线发展？

③我可以往哪一路线发展？

对以上三个问题，进行综合分析，以此确定自己的最佳职业生涯路线。

（3）设定职业生涯目标

职业生涯目标的设定，是职业生涯规划的核心。一个人事业的成败，很大程度上取决于有无正确适当的目标。没有目标如同驶入大海的孤舟，四野茫茫，没有方向，不知道自己走向何方。只有树立了目标，才能明确奋斗方向，犹如海洋中的灯塔，引导你避开险礁暗石，走向成功。

目标的设定，是继职业选择、职业生涯路线选择后，对人生目标做出的抉择。其抉择是以自己的最佳才能、最优性格、最大兴趣、最有利的环境等信息为依据。通常目标分短期目标、中期目标、长期目标和人生目标。短期目标一般为1~2年，短期目标又分日目标、周目标、月目标、年目标。中期目标一般为3~5年。长期目标一般为5~10年。

4. 制定行动计划，展开求职行动

在确定了职业生涯目标后，行动便成了关键的环节。没有达成目标的行动，目标就难以实现，也就谈不上事业的成功。这里所指的行动，是指落实目标的具体措施，主要包括工作、训练、教育、轮岗等方面的措施。例如，为达到目标，在工作方面，你计划采取什么措施提高你的工作效率？在业务素质方面，你计划学习哪些知识、掌握哪些技能，提高你的业务能力？在潜能开发方面，采取什么措施开发你的潜能等等，都要有具体的计划与明确的措施，并且这些计划特别具体，以便于定时检查。

5. 评估与反馈

俗话说："计划赶不上变化。"是的，影响职业生涯规划的因素诸多。有的变化因素是可以预测的，而有的变化因素难以预测。在此状况下，要使职业生涯规划行之有效，就须不断地对职业生涯规划进行评估与修订。其修订的内容包括：职业的重新选择；职业生涯路线的选择；人生目标的修正；实施措施与计划的变更，等等。

6. 觉知与承诺

系统化生涯规划法（图1-3）是一个循环的持续一生的过程。

生涯规划不仅仅是找一份好工作，它让我们明确人生未来的奋斗目标；促进个性发展和综合素质提升；认清形势，准确定位，合理安排大学的学习生活；提升职业品质，认清就业形势，转变就业观念；实现"人职匹配"；平衡各种社会角色的关系；突破障碍、开发潜能和自我实现；提高就业满意度。

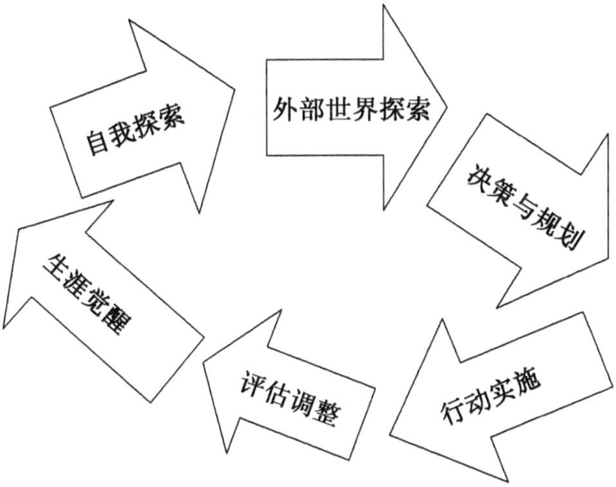

图 1-3　系统化生涯规划法

大一是生涯规划的探索期，这个阶段需要个人通过一系列活动探索自己未来可能的职业发展方向。对大一新生而言，需要好好思考和规划如何度过自己的大学时光，为将来实现良好的职业发展做好准备。通过职业生涯规划中的自我探索，大一新生可以更好地了解自己，有计划、有目的地安排大学学习和社会实践活动。

了解自己，知道自己将来的发展方向可以避免陷入盲目的选择中，帮助自己更加合理地安排学习、实践和休闲生活。尽管大一新生还不直接面临就业的问题，但是通过对自我以及外部工作世界的认知，大一新生更容易心中有谱，定下心来，从容地为将来的职业发展做好准备。

因此，职业生涯规划中的自我探索、工作探索、决策技巧、求职计划等对大一新生具有实际意义，更重要的是，当一个学生从大一开始以规划的思维来思考自己的现在与未来，到就业时将会更加从容地为自己的未来做好选择。

我们不必羡慕他人的才能，也不须悲叹自己的平庸；各人都有他的个性魅力。最重要的，就是认识自己的个性，而加以发展。

——松下幸之助

自我探索之兴趣探索

什么是兴趣？

兴趣是你力求认识、掌握某种事物，并经常参与该种活动的心理倾向；或者说，兴趣是你积极探究某种事物的认识倾向。你对某种职业感兴趣，就会对该种职业活动表现出肯定的态度，并积极思考、探索和追求。

兴趣发展的三个阶段

有趣是兴趣过程的第一个阶段，也是兴趣发展的低级阶段，它往往短暂易逝，非常不稳定。处于这一阶段的兴趣常常与你对某一事物的新奇感相联系，随着这种新奇感的消失，兴趣也会自然地逝去。

乐趣是兴趣过程的第二个阶段，它是在有趣定向发展的基础上形成的，是兴趣发展的中级阶段。在这一阶段中，人的兴趣变得专一、深入起来。

志趣是兴趣发展过程的第三个阶段，当乐趣同你的社会责任感、理想、奋斗目标结合起来时，乐趣便变成了志趣。志趣是你取得成就的根本动力，是成功的重要保证。

兴趣的分类

分类一：

物质的兴趣与你的需要相关联，表现为对物质的迷恋和追求；精神的兴趣主要是指对文化、科学、艺术的迷恋和追求；社会的兴趣主要是指对社会工作和组织活动等。

分类二：

直接兴趣：对活动本身的兴趣。间接兴趣：对活动结果的兴趣。

职业与兴趣的关系

1. 兴趣是获得成功的源动力

如果一个人对某一工作有兴趣，他就能发挥全部才能的 80% ~90%，并且长时间保持高效率工作不感到疲倦。而对工作没有兴趣的人，只能发挥其全部才能的 20% ~30%，也容易筋疲力尽。有人对美国的成功人士做过的调查也显示：94% 的人都在从事着他们自己喜欢的职业。

2. 兴趣与投入是人生幸福感的来源

美国芝加哥大学心理学教授米哈利（Mihaly Csikszentmihalyi）花 30 多年的时间对几百位各行各业的人进行了访谈，研究是什么东西真正令人们感到幸福和满足。他发现，和人们通常想象的不同，不是在人们很放松、什么事也不做（比如看电视）的时候，而是当人们专心致志地从事某种活动、甚至忘我地完全沉浸在这种活动中的时候，他们感到最为愉快和满足。

3. 兴趣和工作满意度

职业稳定性和职业成就感之间存在着明显的关联，许多人做着自己并不真正喜欢的事情，赚着自己并不真正需要的钱，讨好着自己并不真正关心的人。

选择一份符合自己天赋与兴趣的职业，不仅能使占据自己人生最好时光的职业生活更加愉悦，而且能让自己在工作中取得成功。

4. 对工作世界的分类在很大程度上也是参照对职业兴趣类型的划分来进行的

叶开是一名高中毕业生，在高考填报志愿时不知如何选择，当问她“你喜欢什么”时，她说：“我也不知道自己喜欢什么。”又问：“那你业余时间都干什么？”她答：“除了写作业就是看书，基本没有干过其他事情。”

沈浪是大学一年级新生，他兴趣十分广泛：唱歌、弹吉他、打羽毛球、游泳、计算机制图、兵器和昆虫研究……进入大学，他一口气参加了曲艺社、PS 社、游泳协会、环保协会等社团。可就是没有常性，做什么都坚持不了太久。他想知道到底什么才是自己真正的兴趣。

没有兴趣爱好和兴趣爱好太多是两个极端，都不利于职业兴趣的培养，那么如何从识别职业兴趣入手开始改变呢？

识别职业兴趣的常用方法

自我反省　即通过反省个体参与各种活动时的行为表现来推测其兴趣所在。

知识测验　即通过测试个体掌握特定职业的特殊词汇和其他信息来推断其兴趣所在。

职业兴趣测验　即职业兴趣问卷，这也是目前职业兴趣测评中最具科学性、也是最常用的方法——霍兰德职业兴趣测验量表。

下面简单介绍一下“自我兴趣探索”这一方法。

请列举三种你非常感兴趣的职业（摒除所有现实的考虑），这些职业中哪些特征吸引着你？

根据你迄今为止已有的经历，回忆三个令你感到快乐、满足的经历。请详细描述三个画面，是什么令你感到如此快乐和满足？闲暇时间你最爱从事的活动是什么？

日常生活中什么令你筋疲力尽？什么能激发你的活力？你最喜欢看哪种杂志？这些杂志哪部分吸引着你？

除了单纯的娱乐放松外，你最喜欢看哪几类电视节目？节目中什么吸引着你？

你喜欢浏览哪类网站？你喜欢看网站的哪部分内容？它们属于哪个专栏？休闲的时候，如果只是出于兴趣的考虑，你最想做或学习什么？这里面又是什么吸引着你？

你最喜欢的课程有哪些？为什么喜欢它们？

在生活中，人们都有过某些时刻因为全神贯注于做某事而忘了时间的类似经历。什么样的事情让你如此专注？

你的答案里有什么共同点吗？是否可以归纳出什么主题或关键词？你如何能够让这样的主题在你今后的生活中得到充分地彰显？

霍兰德兴趣类型理论

目前国内比较流行、应用较广的理论是霍兰德的兴趣类型理论。其理论精髓：兴趣是工作的最大动力，凡是符合自己兴趣的工作，就能提高人的积极性，使人愉快地从事这项工作。

研究假设：职业选择是人格（Personality）的一种表现，某一类型的职业通常会吸引具有相同人格特质的人，这种人格特质反映在职业上就是职业兴趣。

大多数人的职业兴趣可以归纳为六种类型：现实型（Realistic）、研究型（Investigative）、艺术型（Artistic）、社会型（Social）、企业型（Enterprising）

和常规型（Conventional）。如图 2-1 所示。

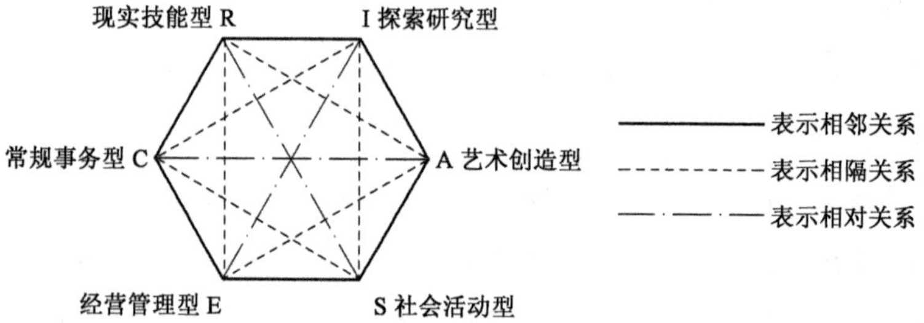

图 2-1　霍兰德六角模型

工作环境也有六种类型，其名称和性质与兴趣类型的分类一致。人们都在尽量寻找那些能运用自己的技术、体现自身价值和能在其中扮演自己愉快角色的职业。

个人的职业兴趣往往是多方面的，很少是只集中在一种类型上。大家或多或少地具备所有六种兴趣，只是偏好程度不同。

为了比较全面地描绘个人职业兴趣，通常用最强的三种兴趣的字母代码来表示一个人的兴趣，这个代码就称为“霍兰德代码”。三个字母间的顺序体现了兴趣的强弱程度的不同，比如，SAI 和 AIS 的人具有相似的兴趣，但他们对同一类型事物的兴趣强弱程度是不同的。

下面是根据霍兰德的理论设计的一个小游戏——兴趣岛（或叫六岛环游），用以测定个人兴趣。从 6 个岛屿中按一、二、三的顺序选出最想前往的 3 个岛屿代码，以此作为你的兴趣类型代码，再参照霍兰德职业兴趣类型表格进行分析。

活动　　兴　趣　岛

活动场地：室内（如有条件，选择可活动桌椅教室，便于本活动开展）

活动人数：50 人以内

所需材料：白板纸 6 张，彩笔 6 份，双面胶、胶带若干

活动目的：通过岛屿选择，洞察自己真正的职业兴趣

活动流程：

1. 将房间分为6个区域，分别代表6个岛屿，并分别贴上岛屿对应的ACEIRS字母。

2. 指导语：各位同学，恭喜你获得了一次免费度假旅游的机会，你将去往下列岛屿中的一个度假。要求是你必须在这个岛上至少呆满3个月的时间。请不要考虑其他因素，仅凭自己的兴趣挑出你最想度假的岛屿。

共有6个不同风情的岛屿，各有特色。看看你想去哪个呢?

A岛——“美丽浪漫岛”

这个岛上到处是美术馆、音乐厅，弥漫着浓厚的艺术文化气息。岛民们保留着传统的舞蹈、音乐与绘画。许多文艺界人士都喜欢来到这里开沙龙派对寻求灵感。

C岛——“现代井然岛”

处处耸立着的现代建筑，标志着这是一个进步的、都市形态的岛屿，岛上的户政管理、地政管理及金融管理都十分完善。岛民们个性冷静保守，处事有条不紊，善于组织规划。

E岛——“显赫富庶岛”

该岛经济高度发展，处处高级饭店、俱乐部、高尔夫球场。岛民性格热情豪爽，善于企业经营和贸易活动。岛上往来者多是企业家、经理人、政治家、律师等等。这些商界名流与上等阶层人士在岛上享受着高品质生活。

I岛——“深思冥想岛”

这个岛平畴绿野，人少僻静，适合夜观星象。岛上有很多天文馆、科技博物馆、科学图书馆。岛民们最喜欢猫在自己的小房子里，天天钻研学问，沉思冥想，探究真知。哲学家、科学家和心理学家们在这里约会，讨论学术，交流思想。

R岛——“自然原始岛”

这是个自然生态优良的绿色之岛。岛上不仅保留有热带雨林等原始生态系统，而且建立了相当规模的植物园、动物园、水族馆。岛民以手工制造见长，他们自己种植花果、栽培蔬菜、修缮房屋、打造器物、制作工具。

S岛——“温暖友善岛”

这个岛的岛民们都性情温和，乐于助人，人际关系十分友善。大家互助合作，重视教育后代。每个社区都能自成一个密切互动的服务网络，处处充满着人文关怀气息。

3. 制作船票：介绍完6个岛屿后，请大家写上自己选择的岛屿的对应字母，以及选择该岛屿的理由。

4. 分组：选择同一字母岛屿的同学走到对应字母岛屿位置坐好。

5. 岛民共识：分享交流自己选择该岛的理由，核实一下大家是不是同一类人，有没有混在其中的“奸细”。

6. 改变时间：第一次改变，旅游时间由3个月变为1年，现在你将如何选择岛屿？现在可以改变你的选择。需要更换岛屿的现在走到自己更换的岛屿，并写下更换选择的理由。

7. 最终选择：再次改变时间，现在1年旅游变成终生居住，你选择哪一个岛屿？现在你还有最后一次更换的机会，你将选择哪一个？需要调整的走到自己更换的岛屿去，并写下理由。

8. 排查奸细：各岛岛民一起澄清、排除一下每个岛民是不是真正属于此岛的，不排查清楚可能导致游船沉没。

9. 形成团队：推选岛主，一起设计本岛Logo，拟定本岛推介语，画出岛民理想中的岛的样子，并设计一个2天1夜的本岛旅游套餐。

10. 各组上台展示并分享。

11. 各组合影留念并将作品粘贴到指定位置。

注意事项：

1. 讲解各个类型不同岛屿岛民的特点前，需要提醒学生的是，各个类型的这些描述代表的是这个群体的大部分特征，但不代表你具有此类型的所有特点。

2. 在逐一讲解各个类型特点时，不要面面俱到，一定要抓住该类型人物的核心特点。如图2-2所示。

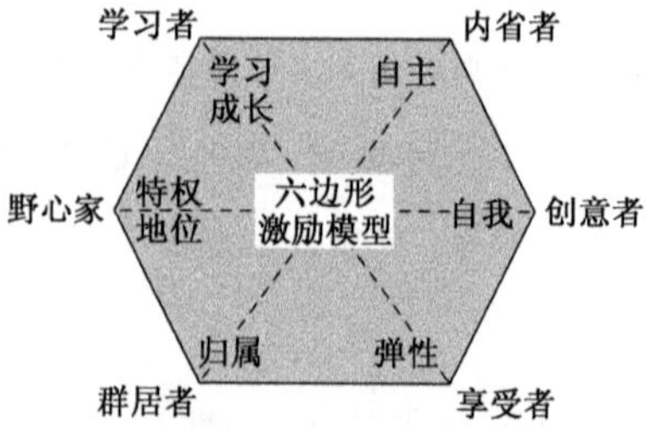

图2-2　六边形激励模型

R 型（实用型）核心特点——特别喜欢动手操作；

I 型（研究型）核心特点——特别喜欢追求真知；

A 型（艺术型）核心特点——特别喜欢以个性的方式表达自我；

S 型（社会型）核心特点——特别喜欢助人；

E 型（企业型）核心特点——特别喜欢动手操作；

C 型（事务型）核心特点——特别喜欢井井有条。

3. 每个类型代表人物的选择上，建议选择最为典型而学生们又最为熟悉的人物。

4. 时间上，此游戏有很多版本，有的 7 天有的半个月等，经过查阅相关资料，笔者认为，以 3 个月为宜，时间太短不足以让参与者认识到自己内心真实的兴趣，所以，活动的引导者做此活动时务必注意强调“时间”这个点。包括第二轮选择中的时间由 3 个月变成 1 年，以及第三轮，时间由 1 年变成一辈子，也是基于此类原因，也需要特别强调。

三个时间段，你可以选择 3 座岛屿，6 天的时间你会如何安排？

你最想去的岛是：________岛度假____________天。

其次是：________________岛度假____________天。

最后是：________________岛度假____________天。

你选择的这三个岛其实就代表了你的职业兴趣类型，同时对应着六种不同的人格类型。这就是著名的霍兰德职业六边形理论。

心理学家认为：

（1）每个人都有其独特性，这种独特性表现在兴趣、能力、价值观和人格特质上。

（2）每个职业和工作也有独特性，这种独特性反映在工作项目、所需能力、所提供报酬等方面。

（3）个人与职业的独特性能通过评估工具测量出来。

（4）如果个人的独特性与职业的独特性相吻合，那么双方都会感到很满意。

美国职业指导专家霍兰德认为：大多数人可以归为六种人格类型：现实型、研究型、艺术型、社会型、企业型和常规型。

社会职业环境也同样有这样六种，而且人都在追求与他的人格类型相匹配的职业环境，这样才有利于施展自己的技术与才能，展现自己的态度与价值，并胜任问题的解决。

R：实用型（Realistic）

【共同特点】愿意使用工具从事操作性工作，动手能力强，做事手脚灵活，动作协调。偏好于具体任务，不善言辞，做事保守。缺乏社交能力，通常喜欢独立做事。

【性格特点】感觉迟钝、不讲究、谦逊的。踏实稳重、诚实可靠。

【职业环境】喜欢使用工具、机器，需要基本操作技能的工作。要求具备机械方面的才能、体力或从事与物件、机器、工具、运动器材、植物、动物相关的职业，如：技术性职业（计算机硬件人员、摄影师、制图员、机械装配工），技能性职业（木匠、厨师、技工、修理工）。

【典型人物】鲁班、詹天佑

I：研究型（Investigative）

【共同特点】思想家而非实干家，抽象思维能力强，求知欲强，善思考，不愿动手。喜欢独立的和富有创造性的工作。知识渊博，不善于领导他人。考虑问题理性，做事喜欢精确，喜欢逻辑分析和推理，不断探讨未知的领域。

【性格特点】坚持性强，有韧性，喜欢钻研。为人好奇，独立性强。

【职业环境】喜欢智力的、抽象的、分析的、独立的定向任务，要求具备智力或分析才能，并将其用于观察、估测、衡量、形成理论、最终解决问题的工作。如：科学研究人员、教师、工程师、电脑编程人员、医生、系统分析员。

【典型人物】爱因斯坦、牛顿

A：艺术型（Artistic）

【共同特点】有创造力，乐于创造新颖、与众不同的成果，渴望表现自己的个性，实现自身的价值。做事理想化，追求完美，不重实际。具有一定的艺术才能和个性。善于表达，怀旧，心态较为复杂。

【性格特点】有创造性，非传统的，敏感，容易情绪化，较冲动，不服从指挥。

【职业环境】喜欢的工作要求具备艺术修养、创造力、表达能力和直觉，并将其用于语言、行为、声音、颜色和形式的审美、思索和感受，具备相应的能力。不善于事务性工作，如：艺术、文学工作。但是在平常不是指从事艺术工作，而是指工作中倾向将事情做得漂亮、有情调、锦上添花，追求完美。

【典型人物】齐白石、徐飞鸿、梅兰芳

C：事务型（Conventional）

【共同特点】尊重权威和规章制度，喜欢按计划办事，细心、有条理，习惯接受他人的指挥和领导，自己不谋求领导职务。喜欢关注实际和细节情况，通常较为谨慎和保守，缺乏创造性，不喜欢冒险和竞争，富有自我牺牲精神。

【性格特点】有责任心、依赖性强、高效率、稳重踏实、细致、有耐心。

【职业环境】喜欢要求注意细节、精确度、有系统有条理，具有记录、归档、据特定要求或程序组织数据和文字信息的工作，如：秘书、办公室人员、记事员、会计、行政助理、图书馆管理员、出纳员、打字员、投资分析员。

【典型人物】李素丽

E：企业型（Enterprise）

【共同特点】追求权力和物质财富，具有领导才能。喜欢竞争、敢冒风险、有野心/抱负。为人务实，习惯以利益得失、权利、地位、金钱等来衡量做事的价值，做事有较强的目的性。

【性格特点】善辩、精力旺盛、独断、乐观、自信、好交际、机敏、有支配愿望。

【职业环境】喜欢要求具备经营、管理、劝服、监督和领导才能，以实现机构、政治/社会及经济目标的工作，如：项目经理、销售，营销管理、政府官员、企业领导、法官、律师。

【典型人物】胡雪岩、柳传志

S：社会型（Social）

【共同特点】喜欢与人交往、不断结交新的朋友、善言谈、愿意教导别人。关心社会问题，渴望发挥自己的社会作用。比较看重社会义务和社会道德。

【性格特点】为人友好、热情、善解人意、乐于助人。

【职业环境】喜欢要求与人打交道的工作，能够不断结交新的朋友，从事提供信息、启迪、帮助、培训、开发或治疗等工作，如：教育工作者（教师、教育行政人员），社会工作者（咨询、公关人员）。

【典型人物】特蕾莎修女、圣雄甘地

关于个人兴趣的探索，还有以下几个小问题需要我们注意：

（1）兴趣的补偿；

（2）同时拥有相对的两种兴趣类型；

（3）因为客观条件的限制难以单纯从事自己喜欢的工作；

（4）现实的配适可以通过多种方式灵活地实现；

（5）专业与职业并不是简单的一对一的关系；

（6）专业类型可以与职业兴趣相结合，哪怕是相对的两种类型也是如此；

（7）完全适合的匹配只是我们不断接近的一个理想的目标。

如何匹配职业和兴趣？

最大的一个前提是，你必须要对自身及社会都有一个清醒的认知。

首先你必须要意识到，理想主义是理想主义，现实是现实。每个人都想无拘无束、潇洒地只做自己想做的事，然而生而为人除了有理想还要背负着责任。

比如你老婆身体弱不能工作，女儿上初中需要花钱，也许你现在的工作真的不是你喜欢的，但它能提供给你足够的薪资，让你一家老小衣食无忧，如果这时你要为追寻理想做自己想做的事而辞职，换成收入无保障的工作，显然并不理智。

我们并不是必须要令自己的职业和兴趣匹配。每个人的生活侧重点都不同，每个人所需要背负的责任也都不一样，追寻内心做自己，还是背负责任为别人，这两者没有孰优孰劣，只不过境遇不同、选择不同罢了。

所以现在你需要首先建立对自身、对社会的清醒认知，摆正自己的位置，分析你自身的具体情况，而不是被心灵鸡汤一忽悠就想出家，看了几个背包客的日志就以为自己的征途是西藏。

如果你现在的境遇是迫于各方面的压力，继续现在的这份工作对你而言是理性层面最好的选择，那就暂时不要纠结于工作与兴趣不匹配的问题了。你总要先做完那些你不喜欢做的事，才会有资格做你自己喜欢做的事。但如果你年龄还比较小，身上没什么压力，又明确地知道自己不喜欢目前的工作，我建议你一定要多去尝试。

这个尝试并不是鼓励你多跳槽，尝试的前提是你要做好充足的准备与精准的分析。

不是说你看到某个职位不错，薪水高、工作闲、妹子多，很吸引你，你就误以为那是你喜欢的职位，你就想要，而是说你要有来自你自身的标准，你确定了你理想中的工作有哪些必须满足的条件，然后在接下来的求职与工作中不断地调整和校准你的这些标准。

比如说我想成为一个作家，我一开始的标准是给予我足够的薪资保障，并且能提供自由创作的空间。那么在接下来的求职过程中我会发现除了这些在周末双休于我而言也挺重要的，我可以用双休的时间增长见闻；一个负责任的编辑也很重要，能给予我正确的指点。

你必须要明白，自身与社会环境永远都会存在着冲突，所以你永远要学会根据现实情况去调整。在调整中令自身的兴趣与对现实的认知不断磨合，你的兴趣越贴近现实，你的工作就越有效率，你就能获得更多的意义感。

只有这样，把你的兴趣变成工作才会是一件快乐的事。

没有比忠实于自己的心灵更神圣的事。

——爱默生

自我探索之性格探索

习惯形成性格，性格决定命运。

性格是把“双刃剑”。西方有句名言：性格即命运。《中国当代名人成功素质分析报告》研究人的性格与成功的关系，得出如下结论：特殊的性格在成功者的发展轨迹中占有十分重要的位置；对于有理想、有抱负的人而言，性格突出甚至与众不同，并不妨碍他们事业的辉煌。

活动　画猪测验性格

活动场地：室内

活动人数：不限

材料准备：一张 A4 的纸和笔

活动目的：绘画过程中，了解自己部分个人特质

活动流程：

1. 拿一张白纸，请你在 3 ~ 4 分钟内，画一只猪。不能只画头，尽你所能，不必花

太多时间；

2. 画猪时绘画技巧你无须考虑，也没有标准答案，所以你可随意绘画；

3. 讲解；

4. 小组成员间分享回馈。

注意事项：

1. 这个活动最重要的是通过其他组员的分享回馈，能更进一步开放自己；

2. 除了画猪外，该活动也可以用画狗、画羊等其他动物替代，解释类似。

附：画猪测验的解答（仅供参考）

1. 如果猪画在纸的上方，表示你是乐观派；如果画在纸的中间，表示你是现实派；如果画在纸的下方，表示你是悲观派。

2. 如果猪头面向左，你属于友善的人，容易记得重要日子（如：生日），但性格比较传统；若猪头面向右，你是属有创造力、活跃的人，但容易忘记重要日子，家庭观念薄弱；若猪头面向自己，你是属于直接的人，不逃避问题，喜欢争辩。

3. 如果猪的身体画得很细致，表示你有分析力，细心但不信任人；猪的身体若画得不完整，表示你情绪化，无知，好冒险。

4. 如果猪的四只脚画得很清楚、很细致，表示你顽固、固执、富安全感；猪的四只脚若画得不清楚、不细致，表示你面对生活上的改变时，没有安全感；

5. 耳朵的大小能反映你倾听能力的好坏，耳朵画得越大，代表你越喜欢听别人说话，反之则意思相反。

6. 尾巴的长短象征你的幸福指数，越长表示你的生活满意度越高。

性格与职业健康

心理学将人们性格特点分为三种：A 型、B 型和 C 型。

急躁好胜的 A 型性格

【行为特点】

①为取得成就而努力奋斗；

②富有极大的竞争性；

③很容易不耐烦；

④有时间紧迫感；

⑤语言和举止粗鲁；

⑥对工作和职务提出过多的保证；

⑦有旺盛的精力和过度的敌意。

【看法】

A型性格行为常常表现为一种让人喜爱的个性，工作认真执着、办事效率高。所以A型行为者，在工作和学业上更容易取得好成绩、获得事业的成功。但另一方面，它也是目前最明确的一种致病类型，更容易出现敌视与愤怒情绪。

所以，“A型性格行为”人，应学会培养耐心，适当降低竞争意识，要有意识地注意休息，在不影响工作的前提下，学会有技巧地“偷懒”和放松。

遇事想得开的B型性格

【行为特点】

①从容不迫，悠闲自得，生活节奏较慢；

②稳重，现实，安宁，松弛，顺从，随遇而安；

③对人较随和，较少有侵犯性。

【注意】

相对A型性格的人来说，这类人因为看得开，所以通常追求不多，职场中成功几率较小。

忍气吞声的C型性格

【行为特点】

①性格克制压抑，不表现负面情绪，特别是对愤怒的压抑；好生闷气，尽量规避各种冲突；

②与别人过分合作，原谅一些不该原谅的行为，对别人过分耐心，屈从于权威；

③生活和工作中没有主意和目标，不确定性多，有孤独感或失助感。

到底什么是“性格”？

性格是指表现在人对现实的态度和相应的行为方式中的比较稳定的、具有核心意义的个性心理特征，它是一种与社会相关最密切的人格特征，在性格中包含有许多社会道德含义。性格表现了人们对现实和周围世界的态度，并表现在他的行为举止中。性格主要体现在对自己、对别人、对事物的态度和所采取的言行上。

性格和本性是有区别的。性格是后天所形成的，比如腼腆的性格、暴躁的性格、果断的性格和优柔寡断的性格等。本性是人天生所具有的、不可改变的思维方式。本性是先天自然风气与感觉世界所形成，比如防御心、求知欲、荣誉感等。

古语云："积行成习，积习成性，积性成命"，西方也有名言："播下一个行为，收获一种习惯；播下一种习惯，收获一种性格；播下一种性格，收获一种命运。"可见对性格形成的看法都一样。那么什么是性格？人的性格就是人性决定的人格。性格是人格的表现。

性格的类别

1. 现实型

现实型的人喜欢户外、机械以及体育类的活动或职业。喜欢与"物"打交道而不喜欢与"人"打交道，喜欢制造、修理东西。喜欢操作设备和机器，喜欢看到有形的东西。有毅力、勤勉，缺乏创造性和原创性。喜欢用熟悉的方法做事并建立固定模式，考虑问题往往比较绝对。不喜欢模棱两可，不喜欢抽象理论和哲学思辨。是一个传统、保守的人，缺乏良好的人际关系和言语沟通技巧。当成为别人瞩目中心时会感到不自在，不善于表达自己的情感。别人认为他比较腼腆害羞，绝大多数现实主义者都秉承着实事求是的生活和工作作风。

2. 探索型

探索型的人好奇心强，好问问题。喜欢了解、解释和预测身边发生的事。

有科学探索的热情。对于非科学、过于简单或超自然的解释，多持否定和批判的态度。对于喜欢做的事能够全神贯注、心无旁骛。独立自主并喜欢单枪匹马做事。不喜欢管人也不喜欢被管，喜欢从理论和思辨的角度看问题。喜欢解决抽象、含糊的问题，具有创造性，常有新鲜创意，往往难以接受传统价值观。逃避那种高度结构化、束缚性强的环境。处理事情按部就班、精确且有条理，对于自己的智力很有信心。在社交场合常会感到困窘，缺乏领导能力和说服技巧。在人际关系方面拘谨、刻板。不太善于表达情感，可能给人不太友善的感觉，探索型应该更加注重自身的发展与创新精神。

3. 艺术型

艺术型的人有创造力、善表达、有原则、天真、有个性。喜欢与众不同并努力做个卓绝出众的人。不喜欢从事笨重的体力活动，不喜欢高度规范化和程序化的任务。喜欢通过艺术作品表现事物、表现自我，希望得到众人的关注和赞赏，对于批评很敏感。在衣着、言行举止上倾向无拘无束、不循传统。喜欢在无人监督的情况下工作，遇事比较冲动。非常重视美及审美的品味，比较情绪化且心思复杂。喜欢抽象的工作及非结构化的环境。寻求别人的接纳和赞美，觉得亲密的人际关系有压力而避免之。主要通过艺术形式间接与别人交流以弥补疏离感，常常自我省思，思想天马行空，拥有强大的发散性思维。

4. 社会型

社会型的人友善、热心、外向、合作。善于交流，喜欢与人为伍。能洞察别人的情感和问题。喜欢扮演帮助别人的角色，如教师、顾问、公务员。喜欢表达自己并在人群中具有说服力，喜欢当焦点人物并乐于处在团体的中心位置。对于生活及与人相处都很敏感、理想化和谨慎。喜欢哲学问题，如人生、宗教及道德伦理问题。不喜欢从事与机器或资料有关的工作，或是结构严密、重复性的工作。和别人相处融洽并能自然地表达情感，待人处世圆滑，给别人以仁慈、乐于助人的印象，如果能够得到社会的认可将对国家具有重大的贡献。

5. 管理型

管理型的人外向、自省、有说服力、乐观。喜欢有胆略的活动，敢于冒险。支配欲强，对管理和领导工作感兴趣。通常喜欢追求权力、财富、地位。善于辞令，总是力求使别人接受自己的观点，具有劝说、调配人的才能。自认为很受他人欢迎，缺乏从事细致工作的耐心。不喜欢那些需要长期智力活动的工作，管理型的人头脑清楚，思维敏捷。

6. 常规型

常规型的人做事一板一眼、固执、脚踏实地，喜欢做抄写、计算等遵守固定程序的活动，是个可信赖、有效率且尽责的人。依赖团体和组织以获得安全感并努力成为好成员，在大型机构中从事一般性工作就感到满足，不寻求担任领导职务。知道自己该做什么事时，会感到很自在。不习惯自己对事情进行判断和决策，因而不喜欢模棱两可的指示，希望精确了解到底要求自己做什么，对于明确规定的任务可以很好完成。倾向保守和遵循传统，习惯于服从、执行上级命令。喜欢在令人愉快的室内环境工作，重视物质享受及财物。有自制力并有节制地表达自己的情感，避免紧张的人际关系，喜欢自然的人际关系。在熟识的人群中才会自在。喜欢有计划地做事，不喜欢打破惯例，不喜欢从事笨重的体力劳动，此类型基本上按照社会规律生活。

美国职业指导专家霍兰德认为，每个人都是这六种类型的不同组合，只是占主导地位的类型不同。而每一种职业的工作环境也是由六种不同的工作条件所组成，其中有一种占主导地位。一个人的职业是否成功、是否稳定、是否称心如意，在很大程度上取决于其个性类型和工作条件之间的适应情况。

职业性格

职业性格是指人们在长期特定的职业生活中所形成的与职业相联系的、稳定的心理特征。

例如，有的人对待工作总是一丝不苟，踏实认真；在待人处世中总是表现出高度的原则性、果断、活泼、负责；在对待自己的态度上总是表现为谦虚、自信、严于律己等，所有这些特征的总和就是他的职业性格。

职业性格的类型大体有如下10类：

1. 变化型

能够在新的或意外的工作情境中感到愉快，喜欢工作内容经常有些变化，在有压力的情况下工作得很出色，追求并且能够适应多样化的工作环境，善于将注意力从一件事转移到另一件事情上去。

2. 重复型

适合并喜欢连续不断地从事同一种工作，喜欢按照一个固定的模式或别人安排好的计划工作，爱好重复的、有规则的、有标准的职业。

3. 服从型

喜欢配合别人或按照别人的指示去办事，愿意让别人对自己的工作负责，不愿意自己担负责任，不愿意自己独立做出决策。

4. 独立型

喜欢计划自己的活动并指导别人的活动，会从独立的、负有责任的工作中获得快感，喜欢对将要发生的事情做出决定。

5. 协作型

会对与人协同工作感到愉快，善于引导别人按客观规律办事，希望自己能得到同事的喜欢。

6. 劝服型

乐于设法使别人同意自己的观点，并能够通过交谈或书面文字达到自己的目的。对别人的反应具有较强的判断能力，并善于影响他人的态度、观点和判断。

7. 机智型

在紧张、危险的情况下能很好地执行任务，在意外的情况下，能够自我控制、镇定自若，工作出色。在出差错时不会惊慌，应变能力强。

8. 自我表现型

喜欢表现自己，通过自己的工作和情感来表达自己的思想。

9. 严谨型

注重细节的精确，愿意在工作过程的各个环节中，按照一套规则、步骤将工作过程做得尽善尽美。工作严格、努力、自觉、认真，保质保量，喜欢看到自己出色完成工作后的效果。

10. 公关型

对周围的人和事物观察得相当透彻，能够洞察现在和将来。随时可以发现事物的深层含义和意义，并能看到他人看不到的事物内在的抽象联系。

人的性格千差万别，或热情外向、或羞怯内向、或沉着冷静、或火爆急躁。职业心理学的研究表明，不同的职业有不同的性格要求。虽然每个人的性格都不能百分之百地适合某项职业，但却可以根据自己的职业倾向来培养、发展相应的职业性格。不同的性格特征，对企业而言，决定了每个员工的工作岗位和工作业绩；对个人而言，决定了自己的事业能否成功。

职业性格特征测评以瑞士心理学家荣格的心理类型理论为基础，这种理论通过了解人们在做事、获取信息、决策等方面的偏好来从四个角度对人进行分析，用字母代表如下：

精力支配：外向 E——内向 I；认识世界：感觉 S——直觉 N；判断事物：思维 T——情感 F；生活态度：判断 J——知觉 P。

四个角度，每个角度有一种性格倾向，然后四个角度组合，形成 16 种人格类型。

每一种类型表现出独特的行为与互动风格。因此在与人交往交流中、在工作选择中、在生活的平衡方面，你都可以通过了解自己“内在”的特征，明确可能的最佳做事方法与职业选择。

SJ 型：忠诚的监护人

具有 SJ 偏好的人，他们的共性是有很强的责任心与事业心，他们忠诚、按时完成任务，推崇安全、礼仪、规则和服从，他们被一种服务于社会需要的强烈动机所驱使。他们坚定、尊重权威、等级制度，持保守的价值观。他们充当着保护者、管理员、监护人的角色。大约有 50% 左右 SJ 偏爱的人为政府部门及军事部门的职务所吸引，并且显现出卓越成就。其中在美国执政过的 41 位总统中有 20 位是 SJ 偏爱的人。

SP 型：天才的艺术家

有 SP 偏好的人有冒险精神，反应灵敏，在任何要求技巧性强的领域中游刃有余，他们常常被认为是喜欢活在危险边缘寻找刺激的人。

他们为行动、冲动和享受现在而活着。约有 60% 左右 SP 偏好的人喜欢艺术、娱乐、体育和文学，他们被称赞为天才的艺术家。

我们熟悉的歌星麦当娜、篮球魔术师约翰逊、音乐大师莫扎特等都是具有 SP 性格特点的例子。

NT 型：科学家、思想家的摇篮

达尔文、牛顿、爱迪生、瓦特这些发明家、科学家你一定不陌生吧！

NT 偏爱的人有着天生的好奇心，喜欢梦想，有独创性、创造力、洞察力、有兴趣获得新知识，有极强的分析问题、解决问题的能力。他们是独立的、理性的、有能力的人。

人们称 NT 是思想家、科学家的摇篮，大多数 NT 类型的人喜欢物理、研究、管理、电脑、法律、金融、工程等理论性和技术性强的工作。

NF 型：理想主义者、精神领袖

NF 偏好的人在精神上有极强的哲理性，他们善于言辩、充满活力、有感染力、能影响他人的价值观并鼓舞其激情。他们帮助别人成长和进步，具有煽动性，被称为传播者和催化剂。

约有一半的人在教育界、文学界、宗教界、咨询界以及心理学、文学、美术和音乐等行业显示着他们的非凡成就。

大部分人在 20 岁以后会形成稳定的 MBTI 人格，从此便很难变化。MBTI 的人格会随着年龄的增加、经验的丰富逐步发展完善。根据 MBTI 的理论，对于 MBTI 中任何类型的人而言，均有相应的优点和缺点，适合自己的工作环境，适合自己的岗位特质，为职业生涯决策提供帮助。

性格与职业规划

性格没有“好”与“差”之分，但不同的性格特点对于不同的职业确实存在“匹配”与“不匹配”的问题。就如一个性格急躁的人很难做好服务业，而一个内向的人也很难做好销售工作一样。因此，明确自己的性格特点，并且选择合适自己的职业，这是人生重要的一步。

一个人的个性会影响到职业的适宜度。当他从事的职业与其个性相吻合时，容易发挥其能力，做出成就。反之，可能导致其原有才能的浪费，或者必须付出更大的努力才能成功。

性格与工作不匹配，会感到工作压抑。

我们说“性格决定命运”，性格也影响着我们的职业（比如工作方式）、生活习惯（比如起居饮食）以及行为方式（比如人际交往）等方方面面，其实这也在无形中对我们的性格与我们的职业相匹配提出了要求。比如从事财务工作的人要求细致谨慎，从事销售工作的人需要热情主动……相同类型的人在从事某些相同类型的工作时会更加得心应手，否则就会格格不入，做得很不舒心。

我们一起来看个实际的例子。

马丽是一个文静、内向的女孩，刚毕业的时候，考虑到户口、城市发展的因素，她进了一家企业的办公室做企划工作。半年下来，她发现自己不太愿意与人打交道，讨厌那些没完没了的沟通会，更是不喜欢一群人闹哄哄地做事，工作做得十分压抑，内心苦不堪言。

后来她痛定思痛，下决心辞职，去了一家杂志社做编辑，她真正体会到了工作的快乐，因为编辑这份工作不需要过多的上传下达，相对独立操作，她驾驭着自己喜欢的文字，内心丰富细腻的情感终于有了出路。她不仅能把自己独特的构思、想法，通过这些文章表现得淋漓尽致，版面也做得相当精致，很快就成为杂志社的金牌编辑。

如果把一句比喻用在性格与职业上，则“性格如脚，工作如鞋”。合脚的鞋子能使你健步如飞，不合脚的鞋子再漂亮也会夹脚，甚至会磨破你的脚。所以，当你的性格与工作很不匹配时，你会感到工作无趣和压抑，与出色的工作表现永远是擦肩而过。

“顺应”或者“挑战”

当发现职业不适合自己，即职业角色的要求和你的性格特点不相匹配时，你该怎么办？有两个方法值得借鉴：顺应或者挑战。“顺应本性”的做法是，如果你了解和认清自己的性格特点，发现自己和职业角色的要求很不匹配时，可以换一份工作，找一个适合自己个性特点的职业，发挥和强化性格中的优势，弱化和规避性格中的劣势。而“挑战性格”的做法就完全不同了，你需要改变自己已经定型的性格，逐渐改善性格与职业角色要求之间不协调的部分。这个过程会很漫长，甚至经历较强烈的心理斗争，需要经历一番磨炼。

虽说“江山易改，本性难移”，但性格也会在人的成长过程中，通过各种事情的磨炼而改变一部分。那么，面对性格与工作不匹配的时候，是选择顺应还是挑战自我，这需要你做出谨慎的选择。请记住两句话：如果找对职业，每一种性格都有可能发挥最大的优势；如果想挑战自己的性格弱点，就应该磨炼自己，去塑造和优化性格，这将更大程度上使你获得心理上的成功。

我们现在来看看一些职场人士如何看待自己的性格与职业之间的关系。

传统观念认为，幼儿园教师（幼师）就是“保姆”“阿姨”，看着孩子就可以了。这几年开始重视学前教育，所以，目前在幼儿园里，老师要教6个学科：语言、数学、社会（合作分享）、健康（体育）、音乐（艺术）、科学（常识和手工）。

除了具备这些基本的知识技能外，幼师这一职业还要求在性格上是温柔的、耐心的、有爱心的。在国外，幼师还必须参加过义工、爱心服务等锻炼，遗憾的是，目前，在国内常常会忽略考察幼师的性格、人品、师品等。

一个幼儿园老师通常要面对20～30个小朋友，这就要求幼师精力旺盛、富有爱心和激情，同时还必须是一个善于自我调节、控制情绪的高手。

一般自我效能感量表

一个相信自己能处理好各种事情的人，在工作中会更积极、更主动。在心理学上有一句话叫作“成功是成功之母”，就是说，只有胜任工作，才能获得更大的信心，继而能够更好地工作。

以下10个句子可作为你平时对自己的看法，请根据你的实际情况（实际感受），在合适的□上打“√”。分为“完全不正确”“有点正确”“多数正确”或“完全正确”。

1. 如果我尽力去做的话，我总是能够解决问题。

□完全不正确　□有点正确　□多数正确　□完全正确

2. 即使别人反对我，我仍有办法取得我所要的。

□完全不正确　□有点正确　□多数正确　□完全正确

3. 对我来说，坚持理想和达到目标是轻而易举的。

□完全不正确　□有点正确　□多数正确　□完全正确

4. 我自信能有效地应付任何突如其来的事情。

□完全不正确　□有点正确　□多数正确　□完全正确

5. 以我的才智，我能应付意料之外的情况。

□完全不正确　□有点正确　□多数正确　□完全正确

6. 如果我付出必要的努力，我一定能解决大多数的难题。

□完全不正确　□有点正确　□多数正确　□完全正确

7. 我能冷静地面对困难，因为我信赖自己处理问题的能力。

□完全不正确　□有点正确　□多数正确　□完全正确

8. 面对一个难题时，我通常能找到几个解决方法。

□完全不正确　□有点正确　□多数正确　□完全正确

9. 有麻烦的时候，我通常能想到一些应付的方法。

□完全不正确　□有点正确　□多数正确　□完全正确

10. 无论什么事在我身上发生，我都能应付自如。

□完全不正确　　□有点正确　□多数正确　□完全正确

记分方法：评分时，“完全不正确”记1分，“有点正确”记2分，“多数正确”记3分，“完全正确”记4分。

1～10分：你的自信心很低，甚至有点自卑，建议经常鼓励自己，相信自己是行的，正确对待自己的优点和缺点，学会欣赏自己。

10～20分：你的自信心偏低，有时候会感到信心不足，找出自己的优点，承认它们，欣赏自己。

20～30分：你的自信心较高。

30～40分：你的自信心非常高，但要注意正确看待自己的缺点。

你处于哪一种效能区间？

如何确认你的性格？

MBTI性格理论及测试

以荣格的人格分类理论为基础，美国的心理学家Katherine Cook Briggs（1875～1968年）和她的心理学家女儿Isabel Briggs Myers根据她们对于人类性格差异的长期观察和研究，提出了影响大脑做出决定的第四因素——生活方式。综合荣格的人格分类学说形成MBTI。MBTI是一种迫选型、自我报告式的性格评估理论模型，用以衡量和描述人们在获取信息、做出决策、对待生活等方面的心理活动规律和性格类型。通过MBTI模型，性格和职业之间的联系得到了比较清晰地阐释。比如到达一定倾向度的NT型更适合做研究开发类职业（或从事此类职业更容易激发其天然优势），而不是从事销售或客服。到达一定倾向度的STJ更适合从事管理行政类职业，而不适合艺术、设计类职业……经过70多年的实践和发展，MBTI现在已经广泛应用到企业招聘选聘心理学测量、内部人才盘点及职业规划、职业测试等众多领域。

MBTI量表版本很多，大家可以上网查找可信度较高的版本来进行测试。

需要特别说明的是：性格没有好与坏，测试的目的是反映最真实的自己，而不是别人所期待的你。所以，请最大程度放松下来，选择当您面临表中描述的情况时不由自主、自然和不假思索的决定或倾向。

MBTI 测试行为规范

重要提示：测试前请务必阅读以下“MBTI 核心规则”及“MBTI 施测流程和行为规范”：

MBTI 核心规则可以浓缩成三个短句：倾向不是能力（Type not trait）、自己的判断才是最符合的判断（Own best judge）、类型无对错（No right or wrong）。

（1）MBTI 类型不显示能力的强度。问卷通过偏好来确定倾向，而不是能力强度或程度的能力。在这个意义上，它不同于基于性状的工具如 16PF，其类型的偏好是对立的两极。

（2）个人所认为的自己的类型往往是最符合自己的判断。MBTI 问卷提供报告的类型，可以被认为是可以参照的整体概貌。最佳拟合的过程通常是通过受测者对 MBTI 四维度两分法的理解，形成其自己的假设的整体类型，并和报告的类型相比较。通过比对，可以帮助受测者确定自己的最佳拟合。

（3）类型或偏好没有孰对孰错、孰好孰坏。不同偏好的人有着不同的天赋。

施测流程

虽然 MBTI 模型通俗易懂，但实际上 MBTI 测试仍需要遵循相应的施测流程和行为规范。

第一步　调整心态：MBTI 只测试自己的性格类型，而不同性格类型之间没有优劣之分；请放松心情，最大限度地摆脱各种外部环境的压力，尽量展现真实的自我。

第二步　摒除疑虑：测试的目的是了解真实的自己，而不是别人所期待的你，因此在回答问卷时不是考虑哪样更好，而是哪样更符合你自己。

第三步　回答问卷：尽量在一种不假思索的状态下答题，无须过度思考“这道题是测什么的”。遇到一些觉得很纠结、无法取舍的问题是正常的，尽可能选择你在放松时最可能的倾向。

第四步　进行比较：将第一步测试结果提供的性格类型描述不同部分与自我感觉相比较，看通俗描述、气质类型、优势及潜在弱点是否吻合。

第五步　更加精确：若希望尽可能精确自己的性格类型，可以进一步测试 MBTI 第二步。

行为规范

受测者需始终处于轻松自如、零压力的状态下完成问卷。

受测者必须正确实施每一个步骤，以便准确理解 MBTI 的测试结果。MB-TI 量表的分值代表了受测者对自身性格类型的清楚程度，而非其占有某种性格特征的完全程度或者表现强度；MBTI 提供的性格类型描述仅供受测者确定自己的性格类型之用，MBTI 的有效性取决于施测中规范、有序地执行每一个环节。

MBTI 旨在帮助人们了解自我的本来面目，即个人与生俱来的性格；既然后天的种种环境压力和客观条件可能扭曲甚至彻底逆转个人的行为表现，那么对自己性格最有发言权的当然只能是受测者自己。MBTI 就像一个经验丰富的“开道者”（而不是诊断病因的医生）提着灯笼照亮你面前的路，却从不在意你去向何方——无论你的目的地在哪里，他只管提着灯笼照亮你的前方；然而，没有这样一名开道者你便陷于沉沉黑暗之中无所适从。

MBTI 的评估系统说到底就是不断引导人们暴露，进而认清自我的本来面目。甚至量表得分也只是一种辅助或者参考，当测试结果与自评结果不合时，MBTI 不会一味坚持量表的得分，然后拿出一纸对应的行为描述来说服你接受这样的结果。最清楚自己性格的当然恰是你自己——无论从理论上还是实践中都是如此——这也正是 MBTI 的理念。

总之，MBTI 可以帮助我们认清自己，但是并不剥夺我们认知的自由，把结论强加于人；MBTI 可以有效地评估我们的性格类型；引导我们建立自信，信任并理解他人；进而在职业定位和发展、团队建设、领导力人格基础发展、人际工作关系、员工素质、组织内部沟通以及跨文化企业管理等领域为我们提供前所未有的帮助。

MBTI 已经有了 70 多年的广泛应用，实践证明该模型是行之有效的，而这有赖于我们恪守施测流程和测试行为规范。只有这样，MBTI 才能真正帮助我们认识自我、发现自我，迈出职业发展和职业规划最重要的一步。

其他探索性格的方法

写下自己的五个特质，分别找同学、朋友、家人等熟悉自己的人，请他们列出你的五个特质。看看他们对你的认识与你对自己的看法有什么异同，并和他们讨论这些异同。

为何我们自己眼中的自己和别人眼中的我们有那么大的差距呢？原因很多，其中一个是我们身处不同的角度，我们对自己更加看重的是潜力，而别人对我们则更看重实际能力。

美国诗人朗费罗说："我们通过自己能够做些什么来判断自己，别人却通过我们已经做过的事情来判断我们。"

我们陷于"自己"这座山，以致"不识庐山真面目"，对自己的认识有局限。对自己性格的了解，不要局限于借助 MBTI 或者其他的性格测评。要知道，你身边有很多很好的资源来帮助你认识你自己，不仅仅是在性格方面，包括你的兴趣、技能、价值观等的探索也是如此。

当然，方法还有许多，诸如行为评定法、访谈法、测评问卷法、投射分析法等。这里仅举其中一例，如访谈法。

你能不能胜任幼教的工作？

你喜不喜欢一天到晚都带 10 个以上的小孩？

如果 30 年如此的工作，你感觉如何？

提问诸如此类的问题，一步步深入和推进，最后确定其性格倾向，尤其是测定其职业性格。

我们都拥有自己不了解的能力和机会，都有可能做到未曾梦想的事情。

——戴尔·卡耐基

自我探索之价值观探索

故事

有价值的人生

有个富翁到海边散心享受阳光，看到一个渔夫在风光旖旎的海滩上悠闲自在地晒着太阳，便好奇地走过去，于是有了下面一段非常经典的对话。

富翁："这么好的天气，你为什么不出海打鱼呢？"

渔夫："我已经出过一次海了，捕到了好几条大鱼。"

富翁："那你为什么不多捕一些呢？时间还早呀。"

渔夫："我为什么要捕那么多呢？"

富翁："看来你不懂得规划自己的人生。你每天多花一些时间去捕鱼，有钱了去换一条大船，然后雇一些帮手，这样你就可以捕到更多的鱼、赚更多的钱、买更多的船，拥有船队。到时候，你不必把鱼卖给鱼贩子，而是直接卖给加工厂，你所获得的利润会更多。"

渔夫："你的设想好像很有意思。但是，我要那么多钱干什么呢？"

富翁："有钱还不知道怎么花吗？最起码你可以造一幢豪华的海滨别墅，悠闲自在地享受日光浴了。”

渔夫笑着说道：“你说得很有道理。但是，我现在不是已经在享受日光浴了吗？”

富翁总是放眼未来，觉得应该趁年轻多做点事，尽可能多地争取到自己想要的东西，老了就可以凭着这些资本尽情享受生活；而渔夫总是安于现状，觉得人应该享受当下的快乐，现在拼死拼活地奋斗，最终还不是为了享受生活。究竟谁是谁非，我们暂不做讨论。要判明这些问题，需要我们正确理解人生价值观。

不同的人对自己的人生持有不同的价值追求。一个人越清楚自己的价值观，越了解自己在工作和生活中想要寻求什么、什么对自己来说是最重要的，他的生涯发展目标也就越清晰。

读了上面的故事：

（1）你如何看待渔夫和富翁的观点？

（2）你愿意做他们当中的哪一个？

（3）你希望的工作是什么样子？

（4）你认为什么样的工作是好的工作，什么样的工作是不好的工作？为什么呢？

实际上，刚才我们所写的也就反映出我们在工作中所寻找的是什么，需要的是什么，也就是我们的工作价值观。

什么是价值观？

价值观是一些个人处世（包括行动和做抉择时引用的）的基本信念和原则。它是推动个人动机（例如：名誉）和个人满足感的来源（例如：从名誉地位所得的满足感）。它是个人评估成就和效能的标准（例如：我满意我得到的名誉和地位吗？）。职业价值观是人们在职业选择和职业生活中，在众多的价值取向里，优先考虑的价值取向。

关于价值观，目前国内比较流行的是马斯洛的需求层次理论和赫兹伯格的激励理论。

价值观的类型

可以借鉴舒伯的职业价值观理论进行分析。舒伯认为价值观包括利他主义、美的追求、创造性、对智力的激励、成就、独立、声望地位、管理权力、经济报酬、安全感、工作环境、上下级关系、同事关系、生活方式、多样性15项价值观。各类型的基本含义如下：

利他主义：总是为他人着想，把直接为大众的幸福和利益尽一份力作为自己的追求。

审美主义：能不断地追求美的东西，得到美感的享受。

智力刺激：不断进行智力开发、动脑思考、学习和探索新事物，解决新问题。

成就动机：不断创新、不断取得成就、不断得到领导和同事的赞扬或不断实现自己想要做的事。

自主独立：能够充分发挥自己的独立性和主动性，按自己的方式、想法去做，不受他人干扰。

社会地位：所从事的工作在人们的心目中有较高的社会地位，从而使自己得到他人的重视与尊敬。

权力控制：获得对他人或某事的管理权，能指挥和调遣一定范围内的人或事物。

经济报酬：获得优厚的报酬，使自己有足够的财力去获得自己想要的东西，使生活过得较为富足。

社会交往：能和各种人交往，建立比较广泛的社会联系和关系，甚至能和知名人物结识。

安全稳定：希望不管自己能力怎样，在工作中要有一个安稳的局面，不会因为奖金、加薪、调动工作或领导训斥等而经常提心吊胆、心烦意乱。

轻松舒适：希望将工作作为一种消遣、休息或享受的形式，追求比较舒适、轻松、自由、优越的工作条件和环境。

人际关系：希望一起工作的大多数同事和领导人品好，相处在一起感到愉快、自然。

追求新意：希望工作的内容经常变换，使工作和生活显得丰富多彩，不单调枯燥。

职业选择与价值观

其实一生来讲失败的人和成功的人努力差不多，甚至很多在职业发展上并不顺利的人非常努力，反而一些人顺风顺水，仿佛很轻易地就得到了别人眼中的成功。成功的人努力几年就很轻松了，顶多智力上开发得多一些；而失败的人也很努力，因为一旦他不努力就没有饭吃。

一个人一生当中选择对两件事会非常幸福。第一件事是找对单位、找对老板、找对上司；第二件事就是找对妻子或丈夫。为什么这么说呢？当太阳升起时我们与上司共事，当日落西山时我们与自己的爱人相拥。

正确的选择是如此重要，然而你会发现现实生活当中很多的人面临选择的时候竟然会非常草率。一个人花在影响自己未来命运的工作选择上的精力，竟比花在购买衣服上的心思要少得多，这是一件多么奇怪的事情，尤其是当他的未来幸福和富足全部依赖于这份工作时。职业发展中最悲哀的状况之一便是总是在寻找机会却不知道自己就站在肥沃的土地上。最常见的情况是最初的时候不知道自己应该在哪个领域开始自己的职业生涯，几年过去了，稀里糊涂地换了几家公司，回过头来才发现，只是积累了不同行业、不同职能方向不成功的丰富经验。一段时间以后突然发现，多种多样的工作经验并没有给自己带来沉甸甸的收获，反而造成了自己缺乏专长、缺乏核心竞争力的局面。最最关键的就是永远都难以结束低薪长跑，白白浪费了上天赋予的才智。

他们之所以选错，往往是由于不懂得如何选择。你有什么样的选择，也就有了什么样的人生。你有什么样的职业选择，你就拥有什么样的职业生涯。你今天的现状是你几年前选择的结果，你今天的选择决定你几年后的职业状况。于是就有了另外一些人，他们的起点并不高，既非名校也不是什么好得不得了的专业，甚至这里边还有大专和中专毕业的人，但是因为他们选择了正确的职业发展之路，几年之后他们在职场上的价值超过了很多当初起点比他们高的人。坚持在一个领域里辛勤耕耘而成为这个领域的专精之士，从而能够获得和他们价值相匹配的薪酬。

在高科技高速发展的现代社会，往往一个专业足够一个人奋斗一生，在这种分工很细的空间里自己的特长在哪里？立志在哪个行业干一辈子？只有对行业的透彻见解和有所作为才会令人敬佩和追崇，收入和生活才能跟一般人不一样。无论是从事技术还是管理，没有相当长时间的行业经验，很难说了解了一个行业，比如对于行业的惯例、发展趋势的了解、行业的价值链条、各个层面的细节、人脉关系的积累等等都需要相当长时间的积累。失去了行业背景，职业价值就会大打折扣。所以即便是转行，也要注意行业发展的内在连续性，从而保持职业资源不断升值增值。

职业选择的最深层次的依据是个人的价值观，选择的表面依据是个人的职业目标，当然对于没有目标的人选择的依据就是个人所理解的利益。没有人愿意被别人看成是一个除了教育水平，实则和其他一般苦力没有本质区别的劳力，或者是一个仅仅通晓考试却从不关心真理和道德的食客。所以我们人在企业，但不能局限于企业，要有更高的视角。董事会关注产业，总裁关注行业，总经理关注企业，员工关注职业，你要想成长为总裁或董事长，就要去关注他们应该关注的事情。一个人要想成为职场的顶尖人物，他就必须清楚地知道自己的价值观，同时确实按照这个价值观努力，朝目标发展。

从价值观的角度来说，你的职业发展成功还是失败的判别标准，就是你是否得到了你想要的生活，你的职业所带来的生活方式是否符合你的价值观。如果符合，你就会感觉很快乐，哪怕收入会相对低一些；如果不符合，你会感觉很痛苦，哪怕你拿着看起来很高的年薪。

当然如果你的追求是成就感，那么因此失去天伦之乐和某种程度的身体健康也会在所不惜。关键是你得到的正好是你想要的，而你失去的你并不介意，真正的职业追求是圆满和平衡。

从企业选人的角度也能够很好地揭示价值观的重要性。为什么麦肯锡的咨询顾问很多并不是出身于管理专业？为什么一些学业上并不突出的同学能够在竞争激烈的应聘中胜过那些学习成绩突出的人？为什么外企在招聘储备人才的面试中总是会有“你最大的成就是什么”“你最大的优缺点是什么”等等看似非常普通的问题？其实我觉得都和价值观有非常密切的关系。因为一个人在职业上的价值观念和他能取得的成就是息息相关的，与此相比，一时的学习成绩反倒成了末节。职业发展不能用挣钱的多与少来判断，虽然我们的收益实际上来自我们创造的价值，但是那不应该成为我们职业上的目标。真正成功的职业人士，即使在他们职业生涯的早期，也没有单纯的考虑金钱，而是更多地追求自己的梦想，按照自己的价值观去发展，应该说，这样的人反而会成功，金钱是职业发展的物质媒介。当你按照自己的梦想去追求而后成功，所有美好的东西都会朝你涌来，包括金钱。

俗话说：“人各有志。”这个“志”表现在职业选择上就是职业价值观，理想、信念、世界观对于职业的影响，集中体现在职业价值观上。它是一种具有明确的目的性、自觉性和坚定性的职业选择的态度和行为，对一个人职业目标和择业动机起着决定性的作用。

职业价值观是大学生职业人生的方向标，它的确定无论是对个人还是对社会都至关重要。

职业价值观的特性

（1）职业价值观是因人而异的。由于每个人的先天条件和后天经历不同，其职业价值观的形成也会受到不同的影响，因此，每个人都有自己的价值观和价值观体系。在同样的客观条件下，具有不同价值观和价值观体系的人，其动机模式不同，产生的行为也不同。

（2）职业价值观是相对稳定的。价值观是人们思想认识的深层基础，它形成了人们的世界观和人生观。它是随着人们认知能力的发展，在环境、教育的影响下，逐步培养而成的。人的价值观一旦形成，便会相对稳定。但当自身状况和外界环境发生较大变化时，职业价值观也会随之而变。

（3）职业价值观是具有阶段性的。根据马斯洛的需求层次理论，当人低层次的需要得到满足以后，他就会产生更高层次的需求。从职业人生来看，大多数人的职业价值观是具有阶段性的，特别是随着某一阶段的自身需求满足后，新的职业价值观也就会随之产生并确定下来。

（4）职业价值观不是唯一的。人的职业价值观不是唯一的，择业时会有几个动机支配他的选择，人们常常为选择感到痛苦时，就是因为个人的职业价值观不唯一，而在某一职业中又难以得到全部满足，从而患得患失。

大学生受限于知识、眼界、经历等，尚未形成明确的价值观，仍处在价值观形成阶段，出现混乱、认识不清的情况是正常的，重要的是鼓励他们有意识地自我觉察、不断反思。

要充分尊重每个学生的价值观，鼓励同学之间相互尊重，不去做价值评判而是帮助大家澄清和拥有自己的价值观。

不同时期和环境对职业价值观有哪些影响呢?

社会上的各种职业都有一定的价值，不同的职业体现不同的价值内容。不同时期、不同社会环境，对职业的社会评价会有所不同。

（1）“学而优则仕”曾一度成为人们的职业目标，而在经济、财富备受关注的时代，“龙下海、虎上山，孺子牛进机关”也曾风靡一时。当商场竞争激烈，风险重重，面对知识经济的到来，很多人又回归到相对稳定的铁饭碗——“教师”“公务员”等行列。

（2）改革开放以来，人们的职业价值观最重要的变化表现在：开始从重理想向重现实的方向发展；从重义务向重利益的方向演变；从重集体向重个体的方向转化。价值观在传统取向与现代取向之间寻求平衡，仍然是一个根本性特征。在许多表层观念比较容易变化或进行更新的同时，一些深层次的核心观念仍然保留着社会主导文化的色彩。

对大学生尤其是职业院校的学生而言，受学识、人生经验和社会阅历等因素的制约，他们的职业价值观尚未形成，找工作考虑的因素可能首先是收入与财富，先解决自己的温饱和自立，在社会上打拼几年才能真正去考虑自己有没有能力去追逐自己的兴趣、理想和价值观。所以，不同时期和环境对其职业价值观的影响可能更为显著。毕业前、毕业1～2年、毕业3～5年等不同阶段的价值观，尤其是其职业价值观的变化会比较明显，或者说是由不清晰到清晰、由不确定到确定这样一个过程。

（3）当前人们更强调职业能否为实现自己的价值提供机会。近年来的一些调查表明，当今青年择业首先考虑的因素是职业能否为自己提供良好的发展前景，能否为发掘自身潜能、实现自我价值提供机会。由此可见，人们已不再将职业仅仅当作谋生手段，自我实现这种高层次的需要正逐渐凸现出来，成为支配人们从业行动的首要动因。

（4）随着“铁饭碗”意识的淡化，职业风险意识正在提高。在影响选择职业的因素方面，过去曾受到极度重视的“职业的稳定性”这一因素，已经不再是很多人的首选了。它已经被排在了“发展前景和机会”“职业所能带来的高收入”这两个因素之后。无疑，现代社会所需要的职业风险意识正在人们心中形成并得到强化。

澄清生涯价值观的方法

1. 测评法

①职业价值观自测量表；②职业锚问卷。

2. 价值观清单

让大家了解价值观的类型都有哪些。

3. 价值观拍卖活动

把大家带出到现实环境中，知道许多价值观是不能完全实现的，应善用有限的资源去达成最重要的价值观；遇到事与愿违的情况，便要保持弹性，做适度的妥协。以上方法在各类教材或者网站上都有较为详尽的介绍和操作说明，大家可以参考网评，选择适合自己的进行测试，这里我们就不一一展开了。

价值观探索工具——WVI职业价值观澄清测试量表

WVI职业价值观测试量表是美国心理学家舒伯于1970年编制的，用来衡量价值观——工作中和工作以外的——以及激励人们工作目标。量表将职业价值分为三个维度：一是内在价值观，即与职业本身性质有关的因素；二是外在价值观，即与职业性质有关的外部因素；三是外在报酬，共计13个因素：利他主义；美感；智力刺激；成就感；独立性；社会地位；管理；经济报酬；社会交际；安全感；舒适；人际关系；变异性或追求新意（后面有详细解释）。

指导语：下面有52道题目（表4-1、表4-2），每个题目都有5个备选答案，请根据自己的实际情况或想法，在题目后面选出相应字母，每题只能选择一个答案。通过测验，你可以大致了解自己的职业价值观念倾向。

A. 非常重要；B. 比较重要；C. 一般；D. 较不重要；E. 很不重要。

WVI职业价值观澄清测试量表 表4-1

题　号	得分	价　值　观	说　明
2、30、36、46		利他主义	工作的目的和价值，在于直接为大众的幸福和利益尽一份力
7、20、41、52		美感	工作的目的和价值，在于能不断地追求美的东西，得到美感的享受

续上表

题　　号	得分	价　值　观	说　　明
1、23、38、45		智力刺激	工作的目的和价值，在于不断进行智力的操作，动脑思考，学习以及探索新事物，解决新问题
13、17、44、47		成就感	工作的目的和价值，在于不断创新，不断取得成就，不断得到领导与同事的赞扬，或不断实现自己想要做的事
5、15、21、40		独立性	工作的目的和价值，在于能充分发挥自己的独立性和主动性，按自己的方式、步调或想法去做，不受他人的干扰
6、28、32、49		社会地位	工作的目的和价值，在于所从事的工作在人们的心目中有较高的社会地位，从而使自己得到了人的重视与尊敬
14、24、37、48		管理	工作的目的和价值，在于获得对他人或某事物的管理支配权，能指挥和调遣一定范围内的人或事物
3、22、39、50		经济报酬	工作的目的和价值，在于获得优厚的报酬，使自己有足够的财力去获得自己想要的东西，使生活过得较为富足
11、18、26、34		社会交际	工作的目的和价值，在于能和各种人交往，建立比较广泛的社会联系和关系，甚至能和知名人物结识
9、16、19、42		安全感	不管自己能力怎样，希望在工作中有一个安稳局面，不会因为奖金、涨工资、调动工作或领导训斥等经常提心吊胆、心烦意乱
12、25、35、51		舒适	希望能将工作作为一种消遣、休息或享受的形式，追求比较舒适、轻松、自由、优越的工作条件和环境
8、27、33、43		人际关系	希望一起工作的大多数同事和领导人品较好，相处在一起感到愉快、自然，认为这就是很有价值的事，是一种极大的满足
4、10、29、31		变异性或 追求新意	希望工作的内容应该经常变换，使工作和生活显得丰富多彩，不单调枯燥

评　价　表

表4-2

1. 你的工作必须经常解决新的问题	A	B	C	D	E
2. 你的工作能为社会福利带来看得见的效果					
3. 你的工作奖金很高					
4. 你的工作内容经常变换					
5. 你能在你的工作范围内自由发挥					
6. 工作能使你的同学、朋友非常羡慕你					
7. 工作带有艺术性					
8. 你的工作能使人感觉到你是团体中的一分子					
9. 不论你怎么干，你总能和大多数人一样晋级和涨工资					
10. 你的工作使你有可能经常变换工作地点、场所或方式					
11. 在工作中你能接触到各种不同的人					
12. 你的工作上下班时间比较随便、自由					
13. 你的工作使你不断获得成功的感觉					
14. 你的工作赋予你高于别人的权力					
15. 在工作中，你能试行一些自己的新想法					
16. 在工作中你不会因为身体或能力等因素，被人瞧不起					
17. 你能从工作的成果中，知道自己做得不错					
18. 你的工作经常要外出．参加各种集会和活动					
19. 只要你干上这份工作，就不再被调到其他意想不到的单位和工种上去					
20. 你的工作能使世界更美丽					
21. 在你的工作中，不会有人常来打扰你					
22. 只要努力，你的工资会高于其他同年龄的人，升级或涨工资的可能性比干其他工作大得多					
23. 你的工作是一项对智力的挑战					
24. 你的工作要求你把一些事务管理得井井有条					
25. 你的工作单位有舒适的休息室、更衣室、浴室及其他设备					
26. 你的工作有可能结识各行各业的知名人物					
27. 在你的工作中，能和同事建立良好的关系					
28. 在别人眼中，你的工作是很重要的					
29. 在工作中你经常接触到新鲜的事物					
30. 你的工作使你能常常帮助别人					
31. 你在工作单位中，有可能经常变换工作					
32. 你的作风使你被别人尊重					
33. 同事和领导人品较好，相处比较和谐					

续上表

34. 你的工作会使许多人认识你					
35. 你的工作场所很好，比如有适度的灯光，安静清洁的工作环境，甚至恒温、恒湿等优越的条件					
36. 在工作中，你为他人服务，使他人感到很满意，你自己也很高兴					
37. 你的工作需要计划和组织别人的工作					
38. 你的工作需要敏锐的思考					
39. 你的工作可以使你获得较多的额外收入，比如：常发实物、常购买打折扣的商品、常发商品的提货券、有机会购买进口货等					
40. 在工作中你是不受别人差遣的					
41. 你的工作结果应该是一种艺术而不是一般的产品					
42. 在工作中不必担心会因为所做的事情领导不满意，而受到训斥或经济惩罚					
43. 在你的工作中能和领导有融洽的关系					
44. 你可以看见你的努力工作的成果					
45. 在工作中常常要你提出许多新的想法					
46. 由于你的工作，经常有许多人来感谢你					
47. 你的工作成果常常能得到上级、同事或社会的肯定					
48. 在工作中，你可能做一个负责人，虽然可能只领导很少几个人，你信奉“宁做兵头，不做将尾”的俗语					
49. 你从事的那种工作，经常在报刊、电视中被提到，因而在人们的心目中很有地位					
50. 你的工作有数量可观的夜班费、加班费、保健费或营养费					
51. 你的工作比较轻松，精神上也不紧张					
52. 你的工作需要和影视、戏剧、音乐、美术、文学等艺术打交道					

评分与评价：

上面的52道题分别代表十三项工作价值观。每个A得5分、B得4分、C得3分、D得2分、E得1分。请你根据下面评价表中每一项前面的题号，计算一下每一项的得分总数，并把它填在每一项的得分栏上。然后在表格下面依次列出得分最高和最低的三项。

得分最高的三项是：1. ____________； 2. ____________；3. ____________。

得分最低的三项是：1. ____________； 2. ____________；3. ____________。

从得分最高和最低的三项中，可以大致看出你的价值倾向，在选择职业时就可以加以考虑。

活动　十五种职业价值观选择

活动场地：室内

活动人数：不限

材料准备：纸和笔

活动目的：辨识自己核心的职业价值观，真正认识、了解自己

活动流程：

阅读“十五种职业价值观”的条目，选择最看重的5条，并标记每一条最吸引你的是什么，在纸条的背面写上理由。

请对这5条价值观进行重要度排序，并回答以下问题。

（1）我重视的职业价值观是什么？

（2）我所选择的五个职业价值观是我一直都重视的吗？如果曾经有改变是在什么时候？

（3）有哪些职业价值观是我父母认为重要的，而我却不同意的？有哪些职业价值观是我和父母共同拥有的？

（4）职业价值观的改变是否曾经改变我安排生活的方式？

（5）我理想的工作形态与我的职业价值观之间是否有任何关联？

（6）我是否因为谁说的一句话或某件事，例如考试的成绩，而对自己的职业价值观感到怀疑？

（7）以前我曾经崇拜哪些人？他们目前对我有什么影响？

（8）我的行为反映我的职业价值观吗？例如重视工作的变化、成长与突破的你，喜欢一成不变的工作吗？

两人一组进行分享、讲解。

活动总结：

很少有工作能够完全满足一个人所有的重要价值观，生活中亦是如此。我们需要对自己的价值观进行澄清和排序，才能知道如何取舍。

附：《十五种职业价值观》说明

每个人在工作时，都有自己在乎的部分，这就是个人的职业价值观。它对于我们的职业选择或选定未来一生的目标时，具有很大的影响力。根据相关学者对“职业价值观”的研究，目前可归纳出以下15种价值观。

（1）利他性：工作的目的或意义就是提供一个机会，让自己为他人或社会尽一份心力。

（2）美的追求：致力于使工作或这个世界更具美感，更有艺术品位。

（3）创意的追求：不墨守成规，欣赏与众不同和别出心裁，追求工作的创造性。

（4）智慧的激发：工作的目的或价值在于提供独立思考、学习成长和找寻规律的机会，通过调研、思考来解决问题。

（5）独立性：看重以自己的方式或步调来开展工作，工作时不希望被过多地干涉或指导。

（6）成就感：能看到自己工作的具体成果，这些成果能得到自己内心的认可，或者得到别人的赞赏，并因此获得精神上的满足。

（7）声望：做这份工作的目的或意义是提高个人身份或名望，这种声望是来自他人的敬佩，而非来自权力与地位。

（8）有管理的权力：指挥别人做事，通过组织赋予的权力来统筹、分配、组织、监督工作进度及其他员工。

（9）经济的报酬：看重经济回报，希望获得优厚的酬劳，使个人有能力购买他所想要的东西。

（10）安全感：看重工作能提供安定生活的保障性，工作很稳定，即使经济不景气时也不受影响。

（11）工作环境：看重工作环境，包括舒适的物理环境，更包括融洽、和谐的精神环境，期待个人身体、心灵在舒适的环境下工作。

（12）与上司的关系：看重能与主管、领导平等、融洽地相处。

（13）与同事的关系：能与志同道合的伙伴一起愉快工作。

（14）变化性：看重工作丰富多样的变化性，让人挑战不同的工作内容。

（15）生活方式的选择：工作和生活是平衡的，工作不会影响到生活质量。

活动　价值观想象

1. 假如我有500万现金，我________________
2. 我曾听过或读过最好的概念是________________
3. 我想改变世界的一件事物是________________
4. 我一生中最想要的是________________
5. 我做得最好时是当我________________
6. 我最关注的是________________
7. 我最常会幻想的是________________
8. 我想我父母最希望我________________
9. 我一生中最大的喜乐是________________
10. 我是________________
11. 对我了解的人认为我是________________（什么样的人）
12. 我相信________________
13. 假如我只有24小时生命，我会________________
14. 我最喜爱的音乐是________________
15. 最能和我一起工作的人是（可有多项）________________
16. 我的工作必须给我________________
17. 我给我子女的忠告会是________________
18. 最好的电视节目是（可有多项）________________

19. 我暗地里希望____________________

20. 在学校里我做得最好时是当____________________

21. 假如在大火中我只能保存一样物品，那将会是____________________

22. 假如我能改变自己一样东西，那将会是____________________

确定职业价值观应处理好以下几个关系。

（1）处理好职业价值观与金钱的关系

金钱是一种成就的报酬，它是在确定职业价值观时首先要面对的问题。有些经济条件不太好的大学毕业生在求职时，将金钱作为首选要素，从根本上讲这并没有错。但是对于一些人来说，现在拥有的知识、能力、经验和阅历还不足以使其一走上社会就获得大量金钱回报。怀有一夜暴富的心理是不正常的，更是危险的，容易被社会上的不法分子利用，甚至误入歧途。特别是面对严峻的就业形势，更应理性地降低对金钱的期望值，把眼光放远一些，应尽可能地将自我成长和自我实现作为在毕业求职时的首选价值观。

（2）处理好职业价值观与个人兴趣和特长的关系

职业价值观、个人兴趣和特长是人们在择业时需要考虑的最重要的三个因素。在确定价值观时，一定要考虑它是否与自己的兴趣和特长相适应。据调查，如果一个人从事自己不喜欢的工作，有 80% 的人难以在他选择的职业上成功；而如果选择了自己喜欢的工作则可以充分调动人的潜能，获得职业发展的源动力。此外，选择一项自己擅长的工作，也会事半功倍。

台湾乐坛教父李宗盛就读新竹私立明新工业专科学校电机科时，被父母逼着读自己并不喜欢的专业。他比同级的同学迟了 2 年还没毕业，忍受着同学老师甚至亲人的冷眼，最后痛下决心，告诉父母“我喜欢做的、我唯一会做的事情只有一件，那就是（写）唱歌”。正是这一步，少了一个庸庸碌碌的电机职员，成就了今天的“音乐教父”。

（3）处理好职业价值观的排序与取舍的问题

这个方法也有很多，常见的如价值观分类卡。

职业价值观的特性决定人们不会只有唯一的职业价值观，人性的本能也会驱使人们希望什么都能得到，但在现实生活中“鱼和熊掌是不可兼得的”。然而在职业选择中，人们却不能理性对待。既然是选择，就要付出代价，只有舍，才能得。所以，要对自己的职业价值观进行排序，找出你认为最重要、次重要的方面，并提醒自己不可能什么都得到。否则就会患得患失，终其一生也不清楚自己到底想要什么，更谈不上职业生涯的成功和对社会的贡献了。

我们都拥有自己不了解的能力和机会，都有可能做到未曾梦想的事情。

——戴尔·卡耐基

自我探索之技能探索

能力

什么是“能力”？什么是“技能”？什么是职业技能？

“我很优秀”“我很有能力”，我们经常这样告诉自己，那么“你有什么样的能力？”这是求职时我们自己要明明白白说出来的，也是用人单位最关注的问题。怎样发现、培养和展示自己的能力对你在竞争中胜出是至关重要的。

一个很简单的道理是：做自己能够胜任的工作，培养和发展自己的能力，发挥个人潜能，是个人求职时希望达到的理想状态。当个人能力和工作要求相匹配时，最能发挥自己的潜能，并能获得满足感；相反，当做的工作力不能及时，则会让人产生挫败感；而当个人能力超出工作需求太多时又容易感到乏味，缺乏挑战性，时长日久则没了动力。因此，在选择职业时我们也需要寻求个人能力跟职业技能需求的匹配。我们要清楚地知道自己具备哪些能力，而自己将要从事的职业又有什么样的能力需求。什么是“能力”？貌似这个词我们从小说到大，天天挂在嘴边，但是，什么是“能力”？好像又说不具体、说不明白。

古今中外关于“能力”的说法可谓仁者见仁智者见智，我比较赞同以下的说法。

能力按照其获得的方式（先天具有和后天培养），可以分为“能力倾向”和“技能”两大类。

能力倾向

能力倾向（Aptitude）是指上天赋予个人的特殊才能，如音乐天赋、体育天赋等，是与生俱来的。这是一种潜能，如开发出来则会绽放出惊人的光彩，如姚明的篮球天赋，如朗朗的钢琴天赋；当然不去开发也可能被荒废。遗传、环境、文化等都可能影响到天赋的发展。

技能（Skill）是指经过后天培养和锻炼而形成的能力，如写作的能力、表达的能力、交际的能力等等。

日常生活当中，个人的能力和水平往往是能力倾向和技能两方面的结果。例如姚明在NBA取得巨大的成功，这既有他先天的身高、灵活性等天赋（能力倾向）的原因，也离不开他后天刻苦地学习和勤勉地技能训练的原因。需要注意的是也不能把两者混为一谈。比如，我们在某些事情做不好的时候经常会说“我这方面的能力不行”，那么要弄清楚是没有这方面的天赋还是缺乏这方面的培养和锻炼？事实上，写作、沟通、交际等能力，主要依赖于后天的学习和锻炼。我们每个人都有近乎无限的学习和成长的能力，只是大多数人在成年后故步自封，因而中断或阻碍了相关能力的培养。篮球运动被认为是“高人的游戏”，但是只有一米八的艾佛森照样在NBA大杀四方，为什么？凭什么？因为他走路都是拍着球的，睡觉都是抱着球的，因为他无比勤奋。

关于人的天赋，美国教育家、心理学家霍华德·加德纳在1983年出版的

《智力的结构》一书中提到："智力是在某种社会或文化环境的价值标准下，个体用以解决自己遇到的真正的难题或生产及创造出有效产品所需要的能力"。每个人都至少具备语言智力、数理逻辑智力、音乐智力、空间智力、身体智力、人际交往智力和自我认知智力，后来，加德纳又添加了自然主义智力和存在主义智力。这一理论被称为多元智力理论。

多元智力理论的基本性质是多元的——不是一种能力而是一组能力，其基本结构也是多元的——各种能力不是以整合的形式存在而是以相对独立的形式存在。

也就是说，这7种或9种智力在每个人的智力结构中都同等重要，只是在每个人身上以不同的方式、不同的程度组合，从而使每个人的智力各具特点。这也就导致不同的人会在不同领域施展自己的才华绽放出自己独特的光彩。李白的才华表现在了诗歌领域，喜剧之王周星驰的才华展现在了喜剧电影方面，而歌神张学友的天赋表现在了唱歌方面。哪个更好？谁更聪明？没有哪个更好、更聪明，每个都很好、都很聪明，只是他们的天赋或者说智力组合的方式不同，展示的方式和绽放的领域不同罢了。

正所谓"天生我才必有用"。只要你找到并将自己独特的天赋充分发掘并展示出来，那么，你一定是出色的。

什么是"技能"？

这首先需要我们对技能做一个分类。技能大致可分为三类：知识技能、自我管理技能、可迁移技能。我们一般所说的技能主要是指"知识技能"，忽略了第二和第三种技能，而后两者在我们日常的应用中更为重要。

1. 知识技能

知识技能是指需通过有意识的学习或专门培训才能获得的特别的知识或者能力。例如我们在大学里学的专业课程和相关知识。当然，知识技能的获得除学校课程之外，课外培训、专题讲座、自学、岗前培训等都可以。

多年就业经验告诉我们，越是正规的大公司，越是看重综合素质，也就是自我管理技能和可迁移技能，对专业知识的看重没有你我想象中那么大的比重。甚至很多企业认为，自我管理技能和可迁移技能非常重要，并且不是短时间内能改变的，而知识技能则可以通过专题培训在短期内迅速提升，因而招聘时特别看重求职者的综合素质，也就是自我管理技能和可迁移技能。

受应试教育和传统思维等因素的影响，当前教育中知识技能的重要性被夸大，以至于许多同学过分重视专业知识的学习而严重忽视后两个技能的培养。而实际情况是求职中真正对你被录用起决定性作用的恰恰是后两种技能。一定要扭转以前的错误认识，把有限的时间和精力用在“刀刃”上。

2. 自我管理技能

自我管理能力是指受教育者依靠主观能动性按照社会目标，有意识、有目的地对自己的思想、行为进行转化控制的能力。通俗地说是个性或品质，是帮助个体更好地适应周围的环境、应对工作中出现的问题的能力。根据对用人单位和离职学生的调查发现，“缺少敬业精神、眼高手低、工作不踏实、个人进取心不足”等是主要原因。而这些都是自我管理技能的具体化。大学生离职和企业解雇他们的根源在于企业要的是成熟负责的成年人，而离职或被解雇的大学生还是不懂得如何管理自我的“孩子”。

自我管理技能需要练习以便固化为个人能力，它们可以从生活领域转移到工作领域，也就是说成熟、担当、热情、上进等技能不是通过哪次培训或专门的课程学到的，要依靠我们在日常工作和生活中随时随地的学习和培养。学校里的社团活动、每年寒暑假学校安排的实习或社会实践更多的是培养我们个人的自我管理能力，每位同学都应该积极地去参与。

3. 可迁移技能

可迁移能力是一个人通过人生中的工作经历、教育经历、兴趣爱好、体育锻炼等几乎所有活动积累起来的技能。很多人拥有很多宝贵的可迁移能力，但自己并没有意识到，所以他们在准备简历时常常觉得没什么可写的。其实仔细回想你参加的各种与学习有关的活动和实践，你很可能从中获得了某种技能。为了清楚地了解自己掌握哪些可迁移能力，首先需要知道什么是可迁移能力，它包含哪些内容。

可迁移能力的核心能力包括三类：技术、数据和人的技能（technical，data，and people skills）。技术技能是指你拥有多少种技术，例如：计算机程序、相关的知识或者掌握多少更实用的技术，比如：建造和维修。数据技能包括：很好地保存记录、进行研究、组织课堂系统学习或者更细节的分析写作能力。人的技能包括交流沟通能力、领导力、指导和训练能力等。

如果进一步细分的话，可迁移能力可分为 5 个部分：沟通表达能力、组织管理能力、问题解决能力、良好的人际关系能力、学习与自我提高能力。

（1）沟通表达能力：指个体通过口头或书面等形式，将信息有效表达和接收，从而达到良好沟通的能力。这也是双向沟通或多项交流必备的能力，它包含表达、倾听、说服等具体能力。

（2）组织管理能力：指个体计划组织、协调配合、任务指派等能力，要求个体具备关注细致、综合考虑、有效分配职责、迅速应对所发生问题等具体能力。

（3）问题解决能力：指个体面对复杂问题时，分析和解决的能力，可以通过多个视角、多层面来提出解决方案，将抽象问题具体化，最后从多个方案中选择出最优方案的能力。

（4）良好的人际关系能力：指个体在日常工作中，具有尊重他人、与他人有效合作、善于协作的能力。其主要包含了合理评价、主动诉求等具体能力。

（5）学习与自我提高能力。

①学会发现并记录，需要坚持不懈克服困难、持续学习，能够在学习和工作中，学会自我归纳和总结。

②可以找出自身的优点和弱点，学会扬长避短，从而不断去调整自我和改进自我的能力。

我们身处一个知识爆炸的时代，知识技能的更新已经由十几年缩短至几年，在某些领域甚至短至几个月。与之相对的是可迁移技能无所谓更新换代，不论什么时间段什么环境都可以拿来用。宝洁（中国）人力资源总监曾说："我们招聘员工最看重的是沟通和表达能力，这极其重要，不能很好地与人沟通就得不到你需要的市场信息，就无法很好地把产品推销出去……我们约70%的时间都用在了这上面。"这也提醒我们应届或非应届的毕业生们，实际找工作的过程中专业对口率是极低的，根据国家权威部门统计，大约在18%左右。工作专业只是说你的知识技能不对口，知识技能不对口不代表你不具备从事这个职业所需的其他各项技能。非"科班"出身依然可以跨专业做好你想从事的职业，尤其是那些对知识技能要求并不是很高、可迁移技能占重要地位的职业。

这样的例子很多。林志玲在加拿大多伦多大学美术系毕业后，返回台湾找工作，却因"不具研究生学位"屡遭拒绝，现在是"台湾第一名模"兼著名演员。

尚雯婕复旦大学法语系毕业，却成为2006年超级女声冠军，她是专业的法语翻译，如今是全民偶像，备受关注的实验音乐与时尚造型融合的先锋歌手，百变创新，风格个性，被誉为"潮流天后""电音女王"。如今的天后级歌手李玟是美国加州大学IRVINE分校生物系毕业；亚洲视后佘诗曼是瑞士国际酒店管理大学酒店管理专业毕业。这样的例子不胜枚举。李宗盛是读工科的，罗大佑是学医的，同样学医的还有鲁迅先生。

所以，知识技能不代表全部，也不能就此限定了你今后从事的职业和行业。一般意义上讲的专业都是指我们在大学期间读的专业，但是你有没有想过大学的3年、4年或者5年在你的整个生命历程中占几分之几甚至是十几分之几的比重？如果有心，你可以自学N个专业，不是吗？

故事

寿司之神

小野二郎现年已86岁，是全世界年纪最大的三星主厨，他可谓师傅中的师傅、达人中的达人，在日本国内的地位相当崇高，而“寿司第一人”的美称更是誉满全球。纵观他的一生，超过55年的时间，他都在做寿司，因此他对寿司所注入的精神，以及其技巧绝对是世界第一！

二郎寿司店面小得大概只容得下7～8个人，料理也只有各种口味的寿司，小野师傅在柜台后重复着简单却需要功底的动作，将饭团拿捏成型，附上鱼肉，来回反复地捏合，那力道很难用语言来描述，必须经过反复的操作才可以达到标准，如娴熟的魔术般的手法一样，看似很轻松地就变出一个寿司来。

而实际这样娴熟的技法需要很多年的基本功，反复地重复练习才可以让这个手法一如天生般变成习惯。职人之道就是每天重复同样的工作，将一件事做到极致，便可获得成功，一如小野师傅说的：一旦你决定好职业，你必须全心投入工作之中，你必须爱自己的工作，千万不要有怨言，你必须穷尽一生磨炼技能，这就是成功的秘诀。

除了对事情的认真，二郎寿司打动人的地方还有对食材的追求和坚持，在清晨的鱼市场里，进料的员工一条条地筛选要采买的食材，而这些专业的渔家也会因为是二郎寿司，而特意留下优质的食材。

这些顶级的食材搭配了认真娴熟的手艺，使得二郎寿司值得客人一等再等。

而对待客人也是从细节出发，每一粒寿司做成之后被摆在筷子顺手的位置便于客人夹取，不多不少的山葵和酱油，使得只是单纯的吃也变成一种享受，客人如果是左撇子，二郎则会体贴地将寿司的位置倒换，便于左手客人食用。也许就是这样的追求细节和极致成就了这位寿司之神吧！

点评：

（1）对你的职业和热爱的生活承诺，并且尽快地坚持下去。对技能的磨炼，一定会得到同等的回报。

（2）大家不要盯着“日本”不放，无论哪个民族哪个种族对职业的热爱都是成就事业的必备条件。

给大家推荐一个测试自己可迁移技能的方法——撰写成就故事。

请写下生活中令你有成就感的具体事件，然后对其进行分析，看看你在其中使用了哪些技能（尤其是可迁移技能）。

这些成就故事不一定是在工作或学习上的，也可以是课外活动或家庭生活中发生的，比如同学聚会，一次美好而难忘的旅游等等。

撰写成就故事时的注意事项如下：

（1）你想达到的目标，即需要完成的事情；

（2）你面临的障碍、限制或者困难；

（3）你的具体行动步骤，即你如何一步步克服障碍，达到目标；

（4）对结果的描述，即你取得了什么成就，最好能够量化评估（用某种方法衡量或以数据说明）。

故事越多越好，看看这些故事中是否有重复出现的技能，这些就是你擅长的技能，把它们按先后顺序排列。

活动　用STAR法则来撰写成就故事

活动场地：室内

活动人数：不限

材料准备：纸和笔

活动目的：掌握撰写成就事件的方法；通过对成就事件进行分析，了解自己的技能。

活动流程：

1. 请写下生活中令你有成就感的具体事件。在撰写成就故事时，每一个故事都应当包含以下要素：

（1）当时的背景（Situation）

（2）面临的任务/目标（Task/Target）

（3）采取的行动/态度（Action/Attitude）

（4）取得的结果（Results）

(5) 至少写出7个故事（越多越好）。

(6) 试分析其中所反映的个人技能。

(7) 小组成员一起进行分析讨论。

活动总结：

引导同学们看看在这些故事中是否有重复出现的技能，它们就是你喜欢施展也擅长的技能。将这些技能按优先次序加以排列。

注意事项：

这里所指的“成就事件”不必是惊天动地的大事，只要符合两条标准就可以被视为“成就”：①你喜欢做这件事时体验到的感受；②你为完成它所带来的结果感到自豪。如果你同时还获得了他人的认可和表扬那就更好了，不过这并不重要。

雇主看重的技能是什么？

现如今单纯靠一张大学文凭就想找到好工作已不太可能。事实上，雇主们招聘更关注的是有价值的软实力。

美国大学与雇主协会（NACE）最近公布了一项调查，在这项调查中他们询问了招聘经理在招聘时会优先考虑的技能。

结果可能会让你大吃一惊。以下是排名前十的回答：

(1) 团队协作能力。

(2) 做出决策和解决问题的能力（两者并列）。

(3) 与团队内外沟通的能力。

(4) 计划、组织和优先处理工作的能力。

(5) 获取和处理信息的能力。

你会注意到排在前五位的全部都是软实力，例如与人高效交流、相互影响等技能。这些技能都与你的情商有关。而在大学里却很难找到专门针对这些技能的课程。

(6) 分析定量数据的能力。

(7) 与工作相关的技术知识。

(8) 熟练使用电脑软件。

(9) 创建与编辑书面报告的能力。

(10) 推销和影响他人的能力。

接下来五名则更注重一些特定技能，包括分析的能力、良好的书面沟通能力、计算机的熟练应用等。

1. 加强和改进你的分析能力

云时代来临，大数据无可阻挡地来了，因此数据处理技能已日趋重要。前面列出的很多技能会帮助我们基于事实做出更好的决策。在校期间各位同学要重点提高自己的数据处理能力。要是你不能证明你的软实力，当你毕业的时候，你就没有办法得到一份称心的工作。

2. 加强和提高你的软实力

如果你觉得你的情商或软实力可能有些欠缺，你可以考虑以下方面：

你在简历上突出软实力了吗？比如，简单地描述一个项目，描述一下你的团队合作能力。一定要在叙述你过去的工作职责和回答面试问题时牢记这些特质。

你有没有着手提升过自己这方面的能力？如果你意识到以上五项技能中有些对你来说是一个挑战，那就着手去提高吧。例如，假如你知道时间管理在过去一直是你的短板，那就花点时间读一读相关的书籍或投身于相关的培训来帮助你提高，并且在面试时，在适合的情形下提及这一点。

你是否收到了反馈？如果不确定你的软实力是否达到要求，你可以考虑咨询一下几个值得信赖的朋友和同事，寻求他们的反馈意见。详细地咨询他们，让他们帮助你确定需要改进的地方。如果你意识不到任何不足之处，你就不可能会进步。

在一项职业调查中，71%的受访者说他们在做出雇佣决策时更看重情商而不是智商。要得到一份工作，你的软实力足够了吗?

五种测评

1. 霍兰德职业兴趣测试

霍兰德职业兴趣测试由美国著名职业指导专家霍兰德编制，主要用于确定被测试者的职业兴趣倾向，进而用于指导被测试者选择适合自身职业兴趣的专业发展方向和职业发展方向。霍兰德提出的6种基本职业类型为：实用型R、研究型I、艺术型A、社会型S、企业型E、常规型C。

2. DISC行为方式测试（性格测试）

DISC行为方式测试由美国心理学家马斯顿（“测谎机”的发明者）博士创立。

DISC这四个字母分别代表4种行为模式：Dominance（支配性），Influence（影响型），Steady（稳定性），Compliance（服从型）。DISC行为方式测试的核心思想是：行为方式不同，与之匹配的职位不同。DISC行为方式测试被广泛应用于员工招聘。

3. 职业定位测试（职业锚测试）

职业定位测试（职业锚测试）的概念是由美国的施恩教授在1978年提出的。

职业定位测试就是最佳职业定位，是一个人在长期的职业生涯实践中通过内外部条件、因素的比较，自觉主动选择能最有利于自身发展和做出最大贡献的职业定位。职业定位测试主要适用于对自己的职业有所了解的在职员工。

4. 职业价值观测试

职业价值观测试是指一个人对职业的认识和态度，以及他对职业目标的追求和向往。职业价值观决定了一个人的职业期望，影响着其对职业方向和职业目标的选择，决定着其就业后的工作态度和工作绩效水平，从而也决定了其职业发展情况。职业价值观测试对于个人选择职业类型和职业发展方向，以及企业招聘、选拔和培养具有重要的意义。

5. 职业能力倾向测试

职业能力倾向测试是通过一组科学编排的测试题，对一个人的言语能力、数学能力、空间判断能力、观察细节能力、书写能力、运动协调能力、动手能力、社会交往能力和组织管理能力进行综合测评。职业能力倾向测试是个人进行自我探索，明确自身能力特点的工具，也是企事业单位招聘、选拔、培养各类人才的常用工具。

以上 5 项测试对我们每个人而言都是需要的，根据学校条件，做一下相关测试吧！

小测验　测测你是否需要进行职业探索

(1) 你是否知道你所学或所喜欢的专业都能做什么工作？

(2) 你对自己毕业后是否有明确的打算？

(3) 你知道日后靠做什么工作而取得经济收入吗？

(4) 你有明确的职业发展目标吗？

(5) 你打算日后进入哪一行业？能说出业内的 3 个一流人物和企业吗？

(6) 你现在有毕业后一定要去工作的企业吗？知道那家企业的用人要求吗？

(7) 你知道你要从事什么职业吗？

(8) 你能说出自己崇拜的偶像三个成功的关键原因吗？

(9) 你能说出你所期望的工作状态吗？

(10) 你有把握现在不准备也能够很好地应对毕业吗?

以上十个问题，如果有五个你能回答“是”，那么，职业探索对你来说就不是一件非常急迫的事，你只管朝着自己确定的方向努力奋斗就可以了；否则，你就要马上着手进行职业探索了。

职业技能分类网站。如：www. jobsoso. com 和 www. chinajob. gov. cn 等专业的职业技能分类网站对上千种职业的工作内容和技能要求有着详细的说明。当然还有很多其他的方法，在这儿我们就不一一赘述了。

职业技能是多种多样的，而技能的发掘和培养不是一朝一夕之功，所以在有限的大学时间和精力中，我们要及早动手，确定我们自己希望从事的职业，确定自己的生涯目标和该职业所要求的技能。有目标我们才知道如何选择道路，需要做哪些准备以便风雨兼程地向着目的地前进。

我们这个时代的麻烦就是将来不是过去那个熟悉的模样。

——保尔·瓦雷里

探索工作世界

我们的困惑

有些专科生能做的工作要本科生来做，有些本科生能做的工作要研究生来做，是否早一年毕业就会好？而且用人单位对学历的要求会越来越高？

我所学习的专业是×××。我不知道我的这个专业在国内是否有前途。如果还说得过去的话，我不知道我今后是应从事这方面的理论研究工作，还是应该从事其他相关的职业。

我不知道我应该基于工作世界的要求来进行自我塑造，还是基于我的特征，去寻找适合我的工作世界？

你身边有哪些职业没落了？哪些职业兴起了？

当然行业的兴衰更替是正常的社会发展，那么行业的更替变化原因是什么呢？城市化发展、人口老龄化、人口流动的加速、国际化趋势、新工作模式、新技术及产业结构调整加剧等，都深刻影响着职业选择和职业发展。以电子、生物、航天、海洋、新能源、新材料为代表的六大高新技术领域的职业前景看好。新兴职业主要从IT业、咨询培训业、休闲健身及绿色食品开发的“绿色经济、绿色农业、绿色技术、绿色产品”等中产生。

你关注劳动力的变化了吗？近五年每年应届大学毕业生人数有多少？查查看。

技术及职业变动快速，失业将是一个长久存在的问题，我国劳动力供大于求的状况要持续30余年。国家户籍政策的放宽，使工作迁移成为越来越普遍的情况，在15～64岁迁移人口中，务工经商的占45.7%，培训学习的占19.1%，其余占35.2%。

人力需求结构以高、低两层人才为主，形成两极化的倾向。

结构性失业问题突出，毕业生“宁要北京一张床，不要西部一套房”；考公务员热；基层就业冷，自主创业少。

转换工作成为一种惯例，市场作为资源（劳动力、资本）配置的一种普遍手段。

产业结构调整，工业或制造业的就业人数减少，服务业和信息产业的工作机会增多；企业破产与建立成为常态；多种工作形式、机会可供选择；全球化的经济环境；没有技术意味着没有工作；科技化与自动化，导致工作内涵变化，需要从业人员具备技术基础与广博知识；研究与发展的工作将日趋重要；技术如何理解？高端的如……，低端的如……。

培训和再教育成为常事；知识与信息的保质期越来越短（如，计算机语言的更新时间为7个月）；知识、信息的暴涨，使得即时更新成为生存的必要技能（学习能力）。

“在信息社会中，唯一不变的就是‘变’，我们不能只期望单一的教育形态来帮我们度过一生，没有任何一种教育和技能，可以在未来的社会中一成不变，这是21世纪的人必须具有的信念。”

工作价值观整体趋向

传统价值观：做一颗螺丝钉，工作到退休。

现代价值观：实现经济目标，成就理性动机。

后现代价值观：实现个体幸福最大化，追求个体标准差异，不强调权威与大众标准。

多种工作形式选择，想想看都有哪些可供选择？

有关职业的基本事实

没有哪一种工作能够完全满足你所有的需要。

劳动力市场和经济形势都时常发生变化，甚至是急剧的变化。有的行业在目前可能充满了机会，但却会在数年内饱和。

变化是生活的一部分。我们的决定很可能不会持续一生，而需要不断调整和变化才能保持满意感。你需要学会如何应对工作的变动，而不是如何去避免它。

面对现状，大学生需要：明确自己的职业规划，及早做好面对工作世界的准备；多一些实践探索，增加对工作世界的体验和认识；调整心态，意识到非理想就业的可能性，减少遭遇就业不理想时所受到的冲击；从生涯发展的角度看待非理想就业，把其看作是学习新技能、积累更多工作经验的机会。

职业信息的获取方法

（1）静态的资料接触：

①出版物、视听资料、行业展览会和人才交流会、网络。

②机构：学校、政府、公司。

③招聘网站、门户网站、微信客户端等。

（2）动态的资料接受：

专业俱乐部、专业协会/学会、生涯人物访谈、参与真实情境、直接观察、直接工作经验。

获得信息的各种途径的精确度和难度是怎样的关系？如图 6-1 所示。

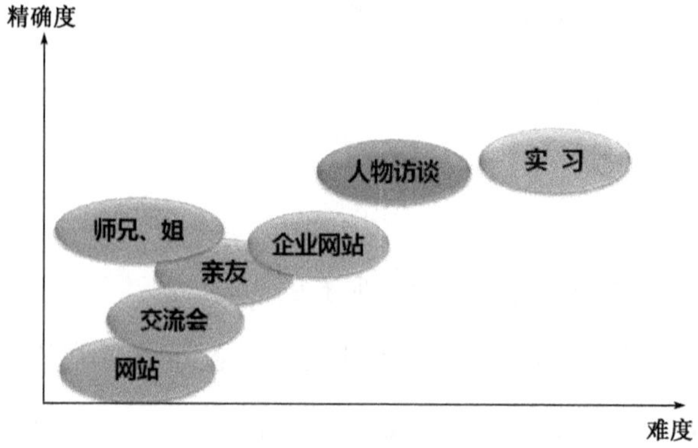

图 6-1　职业信息获取途径难度和信息图

生涯人物访谈

生涯人物访谈是让学生对身居自己感兴趣职位的人进行采访。

建议学生在正式进行访谈前，至少做两件事：一是为自己准备一个“30 秒广告”，因为在访谈过程中，对方可能会问到你的职业兴趣和目标；二是对要提问的问题做一些准备，这样有助于访谈的深入进行，能够取得较高的效率。

访谈提示：

选择至少 3 位不同从业年限的职业人物进行访谈（1 ~ 3 年、3 ~ 5 年、8 ~ 10 年）。

访谈的时间最好在 30 分钟左右，并守时。

当面访谈的方式最好，也可以根据情况采用电话或网上访谈。

联系访谈人时，要做好自我介绍和访谈的目的和大概内容的说明。

访谈前要好好准备问题提纲，了解背景资料。

生涯人物访谈是你了解职业所需技能的好渠道，你可以结合对自己技能的探索，制定技能提升计划。

生涯人物访谈的基本内容

访谈对象姓名：______________ 性　　别：____________

年龄与从业年龄：____________ 职业与职务：____________

单位：______________________ 访谈时间：______________

访谈内容：

1. 您是如何知道这份工作的？

____

2. 就您的工作而言，您最喜欢什么？最不喜欢什么？

____

3. 您的职位是什么？您的主要职责是什么？

____

4. 从事此行业的人做些什么？每天的主要工作内容是什么？

____

5. 在行业内，先从什么样的工作岗位做起能学到最多的知识，最有益于发展？

____

6. 工作地点在哪里？主要工作场所是什么？有哪些特征？

____

7. 您在做这份工作时，日常面临的问题是什么，什么最有挑战性？

____

8. 您个人的主要成就是什么？最成功的是什么？

____

9. 在这个职位上，如果想获得成功必须拥有并保持什么样的能力？

____

10. 目前还缺乏的必须改进的能力有哪些？怎么改善？

____

11. 在您的单位中，能够把在同样一个岗位上成功和不成功区别开来的行为是什么？

____

12. 您认为做好这份工作应该具备哪些知识、技能和经验？

____

13. 目前，行业内要求从事这份工作的人应该具备什么样的教育和培训背景？

____

14. 您认为什么样的个人品质、性格和能力对做好这份工作来讲是重要的？

____

15. 学校中的哪些课程对这个行业比较有帮助？

____

16. 行业内，单位对刚进入该领域工作的员工一般会提供哪些培训？

____

17. 在您的工作领域里初级职位和略高级别职位的薪水一般是什么水平？

____

18. 这个行业存在的困难及前景如何？

____

19. 您的熟人中有谁能够成为我下次采访的对象吗？可以说是您介绍的吗？

____

注意事项：

访谈成果的展示建议采用小组方式呈现或海报展览的方式进行。

考虑工作选择的一些维度：行业、组织、岗位。

职业分类

（1）曙光职业：如职业生涯培训师、职业生涯咨询辅导师等。

（2）朝阳职业：如商务策划师、电子商务师、理财规划师等。

（3）如日中天的职业：如建筑设计师、公务员等。

（4）夕阳职业：如公交车售票员等。

（5）黄昏职业：如送煤工、钢笔修理工、相片着色工等。

（6）恒星职业：如教师、厨师、医生等。

（7）流星职业：如传呼员等。

（8）昨日星辰职业：如铅字打字员等。

组织环境微观分析

（1）企业环境。

①企业实力：了解企业在社会中的地位和声望如何，企业的产品、企业在本行业中是否具备很强的竞争力。钢铁明确是宝钢和武钢。银行是工商银行和中国银行。房地产龙头毫无疑问万科、保利、金地。酒业龙头非常明确，贵州茅台，谁也无法比肩的老大，五粮液、山西汾酒、泸州老窖仅次于茅台。运输物流首推中国远洋，其次是中海集运、外运发展、大秦铁路。工程建筑方面当然是中国中铁。石油毫无疑问是中石油和中石化。保险业是平安。券商龙头中信证券。航空方面是中国国航。有色金属的老大中国铝业。煤炭当然是中国神华。电力方面水电是长江电力，火电方面是华能国际。

②企业领导人：一个企业领导的抱负和能力也是企业发展的决定性要素。

③企业文化和企业制度。

（2）学校环境：专业的发展和课程设置、学校提供的各种软硬件设施以及各种资源（特别是图书资源、实践资源）。

（3）家庭环境：经济状况、人为因素、区域因素。

岗位环境微观分析

（1）岗位基本描述

岗位概况：包括岗位名称，岗位属性等，岗位是与个人职业发展最为密切相关的因素，了解岗位概况，将为个人职业发展扫清障碍。

（2）岗位能力要求

岗位所要求的基本能力结构，包括学历、资历、经验、品质、个性等多方面因素。

（3）岗位待遇及晋升

岗位的薪酬标准及晋升路线等。

（4）个人与岗位的差距

仔细研究岗位说明，找出自己技能方面的差距。

关于组织

组织信息包括哪些？

组织概况、组织架构、企业文化、行业地位及竞争情况、薪酬福利水平、核心岗位、校招职位、职业发展、内部员工声音……

哪些渠道能搜集组织信息？

公司网站、权威杂志、管理咨询公司、相关人士访谈、师兄师姐、专业课老师、就业老师、实习……

关于组织的简单介绍如下。

1. 企业单位

（1）企业的一般职业需求

①生产人员。

②工程技术人员。

③管理人员。

④服务人员。

(2) 企业的类型

国有企业、集体企业、私营企业、乡镇企业、三资企业、股份制企业等。

2. 事业单位

文化教育事业、文艺体育事业、科研单位、广播电视事业、新闻出版事业、医疗卫生保健事业、社会福利与社会保障事业、农林水利气象事业、城市公用事业等。

3. 政府机关

专业技术人员、工勤人员、国家公务员等。

4. 社会团体

工会、团委、妇联、青联、学联、科协、各类学会、行业协会等。

5. 居家办公——SOHO 一族

自由撰稿人、图书策划人、编外记者、新闻线人、广告策划人、职业游戏玩家等。

选择企业包含的因素

专业是否对口、工作内容是否满足兴趣、企业的文化、企业的前景、企业的待遇等。

想想看

获得职业信息的途径和方法有哪些？对你而言，哪些途径和方法可以尝试？信度和精度各是多少？去尝试一下吧！

企业校招时间

从北森校园招聘人才测评系统的数据来看，校园招聘高峰始于 9 月，在 10、11 月达到峰值，同时在第二年 3 月企业仍会少量补录。图 6-2 为校园招聘月份表。

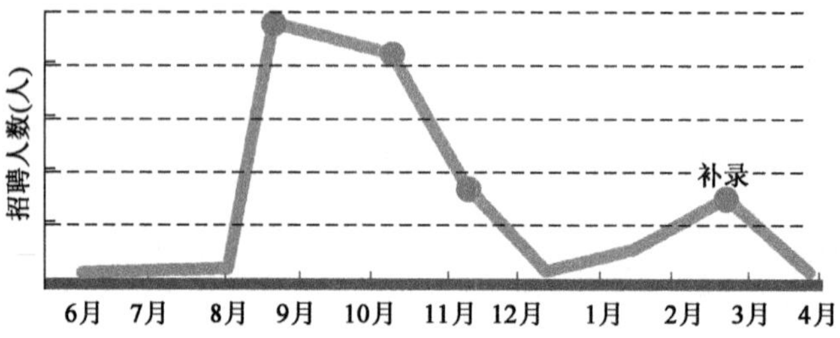

图 6-2　校园招聘月份表

在校招过程中，不同岗位招聘的时间有所差异，应届生了解到该类信息有助于积极备战，准备好自己的应聘节奏。图 6-3 为不同专业用工分布月份表。

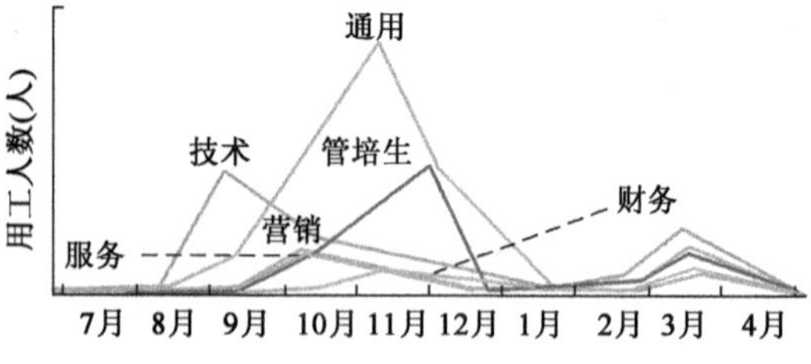

图 6-3　不同专业用工分布月份表

总体来说，各用人单位对于技术人才的争夺较为激烈，所以技术人才的招聘高峰在 8—9 月。管理培训生和营销（含销售）作为校园招聘的另外两条重要途径，10—12 月是高峰期。

用人单位最看重的应聘者素质

北森公司总结了近1000家用人单位的校园招聘考察素质指标，按照该素质出现的频次（图6-4），得出以下结论：

一个具备责任心的新人，才能对企业、对岗位有所担当，于是责任心一词成为了校园招聘季的核心考察指标。从另外一个角度来看，这也是用人单位对当代大学生最为担心的方面。

就像温室里长出的花朵，当初入职场的新人进入快节奏、高竞争的社会环境，除了社会适应能力，抗压能力和学习能力都显得尤为重要。

除此之外，工作的主动性、心态的积极向上，也是用人单位对大学生较为看重的素质特点。

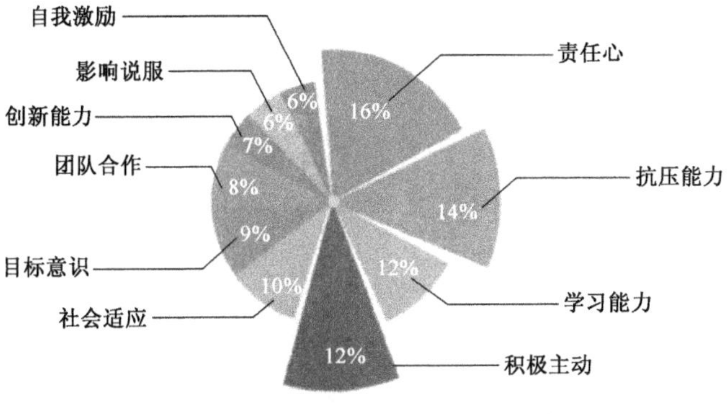

图6-4　用人单位最看重的应聘者素质比重图

我们的学生，有没有为此准备好呢？

——摘自《北森研究：2019—2020年校园招聘测评白皮书》

资源推荐：

电影：《当幸福来敲门》《穿普拉达的恶魔》。

犹豫不决固然可以免去一些做错事的可能，但也失去了成功的机会。

——美籍华裔企业家王安

决策与行动

科学决策

一、定向与定位

就大学生职业生涯规划而言，首要考虑的问题就是确定职业目标，但对于没有工作经验的在校大学生，确定一个非常明确的职业目标显然不现实，那么我们怎么来确定自己的职业目标呢？笔者提出了**先定向再定位**的职业目标确定方法。

先定向，就是根据现在所学的专业，来确定自己未来的职业方向，你可能需要回答两个简单的问题，你对自己的专业有兴趣吗？你毕业后会选择专业对口的单位就业吗？如果你的回答是肯定的，就可以基本确定你的职业方向了。比如说，你是学法律专业的，又很喜欢法律专业，你就需要了解法律专业对口的职业（即专业所对应的职业群）有哪些？法律专业对应职业有：

公务员、律师、教师、法律研究人员、企业法律顾问、法制专栏媒体记者、公司法务职员等等。如果你的答案是否定的，那你就必须找到自己有兴趣的专业，可以通过转专业，或通过辅修、选修专业课程，或者通过跨专业考研来调整和确定自己的职业方向。比如，一位学化学专业的同学，对本专业没有什么兴趣，对工商管理兴趣比较大，大二他就选修了工商管理的主要课程，大三他决定报考工商管理硕士。

如果你定了向，接下来就可以考虑定位的问题了，你需要对已确定方向的职业群进行更深入的探索。定向的时候需要尽可能扩大自己的职业选择面，而定位则需要逐步缩小职业的选择范围，相对于定向而言，定位的选择也并不容易，因为定位，不仅需要了解职业的基本要求，而且需要通过提前参加招聘会、兼职和实习等方式进行社会实践和工作体验，感受意向职业是否适合你自己，是否与个人的主观想象一致。

在定位的过程中，还需要注意一个非常重要的问题，定位的目标不宜过于具体，应该有一个选择的范围。比如，你从小就梦想成为一名检察官，学的也是法律专业，你也争取到了在检察院实习的机会，你发现检察官非常适合你，可是，检察官职业在社会上比较饱和，求职竞争非常激烈，如果你仅锁定这一个目标，那么，毕业时如果你考公务员失败，将对你的择业带来很大的风险。所以，定位的职业不宜仅限于单一职业，应该有几个职业可供自己选择。

大学生在定向和定位的过程中，不能完全以个人的兴趣进行职业决策，还要考虑其他因素，如职业状况、人才供求关系、家庭因素、所掌握的资源等。所以，笔者提出了先定向再定位的决策方法，在一、二年级开始定向，在三、四年级定位。也许经过对职业的探索后你仍然不能定位，但定向是必须的，没有方向，你就不知在大学期间如何努力和准备。

先定向再定位的方法，不仅解决了大学生综合素质和能力的培养问题，也解决了专业技能和素质的准备问题，是一项行之有效的大学生职业生涯发展和规划的方法。

1. 决策与执行——决策的概念与步骤

（1）决策的意义

美国著名管理学家赫伯特·西蒙说："决策是管理的心脏；管理是由一系列决策组成的；管理就是决策。"也就是说，他认为决策是管理的唯一。决策对于组织的重要性不言而喻，对个人同样重要。

（2）决策的含义

所谓决策，就是指为了达到一定的目标，从两个以上的可行方案中选择一个合理方案的分析判断过程。

（3）决策的过程

决策既然是个过程的概念，那么我们就有必要仔细考察决策过程所经历的具体步骤。由于我们的个体差异和个人偏好，很难对职业生涯规划或问题解决建立一个精确的按部就班的程序。一般来说，职业决策有以下 9 个步骤：

①探索。

根据自己的常识、经验和能力，来收集各种感兴趣的有关职业信息。

②了解自己。

你需要做一个非常彻底的自我分析。如果你现在没做，应尽快着手去做。它将帮助你从你的技能、你的性格、你的价值观等方面全面地了解你自己。

③了解环境。

了解你所处的社会、经济、政治、地理环境，从而衡量可能影响你的职业选择的环境因素。

④了解职业，收集信息。收集并研究关于你的职业前景的准确信息。

⑤找出可能的职业选项。了解职业，你需要全面地研究可供你选择的职业选项，筛选出可供自己选择的目标。

⑥运用人职匹配理论、SWOT 分析法、职业平衡单分析法等方法进行个人与职业的对比分析。一般来说，将候选的三个目标职业进行比较分析，个人的特质与职业特征最相匹配的职业，就是最适合于自己的职业。

⑦做出决定。根据你对自己的特点和职业前景的判断选择确定一个职业目标。

⑧执行决定。通过求职活动将你的职业决策付诸实施。

⑨获得反馈，评估你的职业决策。如果有太多的负面反馈，那就重复以上过程。

以上步骤只是个人比较认可的一种，还有其他观点，请同学们根据自己的情况做出合理的选择。

2. 决策的两种方法

决策通常采用 SWOT 决策分析法和平衡单分析法。

SWOT 分析是一个职业决策的非常有用工具。S 代表 Strength（优势），W 代表 Weakness（弱势），O 代表 Opportunity（机会），T 代表 Threat（威胁）。其中，S、W 是内部因素，O、T 是外部因素。

一般来说，在进行 SWOT 分析时，应遵循以下四个步骤：

（1）评估自己的长处和短处。

（2）找出你的职业机会和威胁。

（3）提纲式地列出今后 5 年内你的职业目标。

（4）提纲式地列出一份今后 5 年的职业行动计划。

这是 SWOT 分析法的大体步骤，下面一起讨论一下“决策平衡单”分析法。

“决策平衡单”经常被应用于问题解决模式和职业咨询中，用以协助咨询者系统地分析每一个可能的选项，判断分别执行各选项的利弊得失，然后依据其在利弊得失上的加权计分排定各个选项的优先顺序，以执行最优先或最偏好的选项。其在职业咨询中的实施主要有下列步骤：

（1）列出可能的职业选项：咨询者首先需在平衡单中列出有待深入评量的潜在职业选项 3～5 个。

（2）判断各个职业选项的利弊得失。

(3) 各项考虑因素的加权计分。

(4) 计算出各个职业选项的得分。

(5) 排定各个职业选项的优先顺序。

这就是“决策平衡单”的大体步骤。

SWOT 决策分析法和平衡单分析法，是目前比较常用的职业生涯决策的两种方法，希望同学们仔细查阅相关资料，结合自己的实际情况，做出合理的“决策”。

作业

职 业 决 策

如果你还举棋不定，不知该选择哪份职业，试着用平衡单帮助你决策。

如果你已经有了明确的定向和定位，用 SWOT 分析法分析选定你的职业目标。分析你的优势、劣势，分析此职业的社会机会和威胁。

3. 决策四步法

做出决策的四个参照点（图 7-1），或者说四个步骤分别是：时间—决策权—观点—目标。下面我们来具体看一下这四步如何进行。

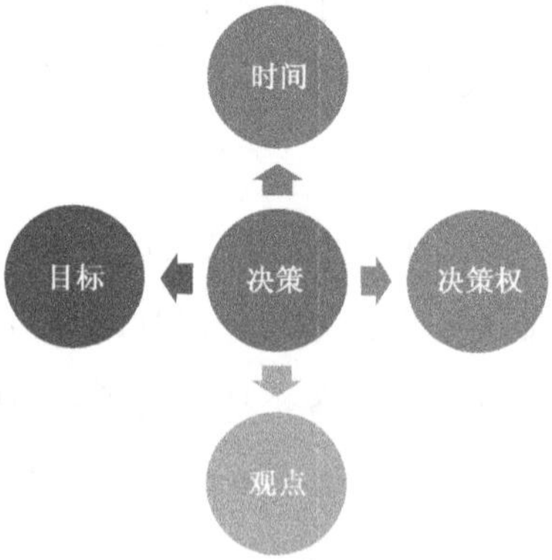

图 7-1 决策四步法

第一步：时间

这个决策困扰你多久了？ ________________

情绪型？现实型？______________________________

之前，你已经尝试了哪些努力？______________________

信息不足？方法不够？信念不合理？____________________

最晚到什么时候，你必须有一个选择了？________________

没有时间底限，就是被动等待，而非主动决策。

第二步：决策权

对于这个选择，你完全自主选择的权限有多大？____________

属于一级决策？二级决策？__________________________

（决策权超过60%，属于一级决策，可以选择选项。决策权低于60%，属于二级决策，只能选择应对方法，或者去争取决策权。）

第三步：观点

假如拿这个问题，去采访________（可以是家人、朋友、榜样等等），他们会给你什么样的建议？____________________________

他们为什么会有这样的建议？______________________

对此，你怎么看？______________________________

通过对他们的观点分析，你的观点是？________________

第四步：目标

当我们不知道我们要去哪里的时候，对路径的比较是没有意义的。

跨越选项看目标才能做出有效比较。请回答下面2个问题：

无论你选择什么，最终你要的是什么？__________________

无论你选择哪条路，你的目的地是哪里？________________

二、目标探索

目标探索有四个维度，如图7-2所示。

■工具一：职业价值观

田崎仁的九分法：日本学者田崎仁，把职业价值观分为九种类型。如图7-3所示。

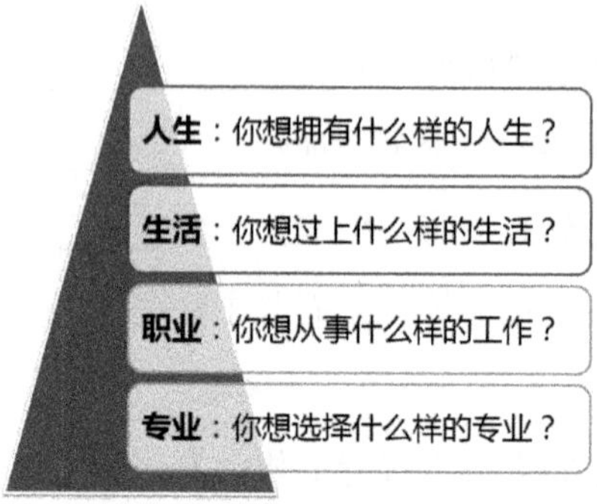

图 7-2　四维度目标探索图示

图 7-3　田崎仁职业价值观九分法

■工具二：我喜欢的生活方式（表 7-1）

个人喜好生活方式表　　表 7-1

项　　目	重要程度（1～10 分）	项　　目	重要程度（1～10 分）
住在繁华的都市		能够自由支配自己的时间	
住在宁静的乡村		每天按时上下班	
居住在文化水平较高的社区		有充裕的闲暇时间做自己感兴趣的事情	
居住在小孩上学方便的地方		坚持运动、强身健体	
定居在某个地方		工作之余参加社会活动	

续上表

项目	重要程度（1～10分）	项目	重要程度（1～10分）
担任管理职务		参与和宗教有关的活动	
吸收新知识，充实自己		每天有固定的时间和家人相处	
贡献自己所能，服务社会		和家人共享假期	
生活富有挑战性、创造性		积极参与社区活动	
有较高的社会声望		经常旅行，扩展视野	
拥有宽广、舒适的生活空间		和父母生活在一起，承欢膝下	
工作稳定、有保障		和妻子（丈夫）、孩子生活在一起	
拥有较高的经济收入		有时间辅导孩子的作业	
有高效率的工作伙伴		有密切交往的好朋友	
能自由支配金钱		每个月有固定的存款	

思考与讨论

你最看重的三个项目是什么？________________

为什么它们对你如此重要？________________

根据刚才的填写情况，请描述十年后你最期待的三个生活画面。

（1）________________

（2）________________

（3）________________

为了实现理想的生活状态，你需要满足哪些条件？________________

为了满足这些条件，你有哪些具体的行动计划？________________

当下，你觉得对你最重要的是什么？________________

■工具三：人生价值清单

个人喜好生活方式赋分表　　表 7-2

序号	选　项	重要程度				
		1	2	3	4	5
1	有一个幸福美满的家庭					
2	赚大钱					
3	健康而长寿					
4	持续学习					
5	有一些知心朋友					
6	从事自己感兴趣又可发挥专长的工作					
7	有一栋舒适又漂亮的房子					
8	成为国家公务员					
9	有充裕的金钱与休闲时间					
10	拥有完美的爱情					
11	和喜欢的人长久相伴					
12	拥有自己的公司					
13	到处旅游，体验不同的生活方式					
14	成立慈善机构，服务他人					
15	享受结交新朋友的乐趣					
16	工作富有挑战性和创造性					
17	成为名人					
18	随心所欲地布置自己的环境					
19	无拘无束的生活					
20	具有一定的社会声望					

思考与讨论

（1）选出这一生对你来说最重要的三个选项，并说出这样选择的原因。____________________________

（2）假如只能留下一个最重要的选项，那是什么？________________
为什么？____________________________

（3）当你面临人生的重大决策时，这些选项是如何影响你的？＿＿＿＿＿＿＿＿＿＿＿＿＿＿＿＿＿＿＿＿＿＿＿＿＿＿＿＿＿＿

■工具四：榜样分析

从出生到现在，无论是真实的生活接触，还是通过书籍、报刊杂志、影视作品、网络信息等途径，很多人走进了你的生活，给你留下了深刻的印象。

现在，请你仔细回想一下，所有的这些人无论是你的亲朋好友、同学同事，还是历史人物、歌星明星，甚至包括那些影视作品里的角色、传奇故事里的人物等等，你最欣赏、羡慕或者崇拜的人，排在前五名的都有谁？他们身上的哪些特点或品质吸引了你？

（1）＿＿＿＿：＿＿＿＿、＿＿＿＿、＿＿＿＿、＿＿＿＿、＿＿＿＿。

（2）＿＿＿＿：＿＿＿＿、＿＿＿＿、＿＿＿＿、＿＿＿＿、＿＿＿＿。

（3）＿＿＿＿：＿＿＿＿、＿＿＿＿、＿＿＿＿、＿＿＿＿、＿＿＿＿。

（4）＿＿＿＿：＿＿＿＿、＿＿＿＿、＿＿＿＿、＿＿＿＿、＿＿＿＿。

（5）＿＿＿＿：＿＿＿＿、＿＿＿＿、＿＿＿＿、＿＿＿＿、＿＿＿＿。

分析

（1）出现频率最高的三个关键词是什么？＿＿＿＿＿＿＿＿＿＿＿＿

（2）这三个关键词与你过往的经历有什么关系？＿＿＿＿＿＿＿＿＿

（3）在你未来的人生发展道路上，他们将起到什么样的作用？＿＿＿＿

（4）假如有一天，你也成为别人欣赏、羡慕或者崇拜的对象，你希望别人用哪三个关键词来概括你吸引他们的原因？＿＿＿＿＿＿＿＿＿＿＿＿

■工具五：反向转换

你最不能接受的工作/生活状态，是什么样的？来，我们把刚才的这些描述反过来，看看“不能”的背后是什么？

（1）不能________________，而要________________。

（2）不能________________，而要________________。

（3）不能________________，而要________________。

小组讨论

谈一谈你在体验这些工具中的发现和感受。

三、个人定位

定位方法：目标定位法、技能定位法、阶段定位法。

■工具一：目标定位法（图 7-4）

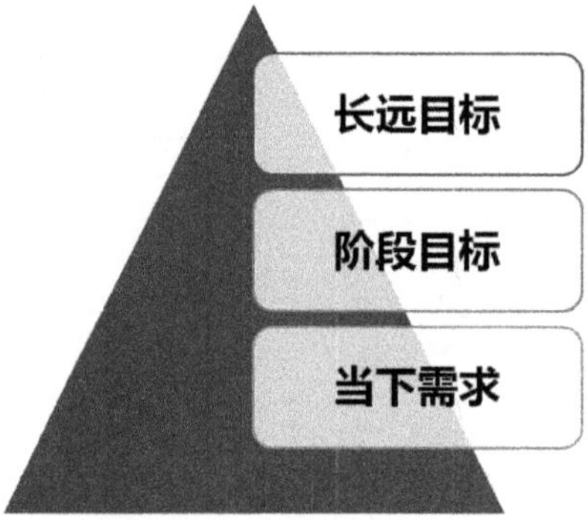

图 7-4　目标定位三阶段图示

（1）长远目标

①指向生涯发展的较高愿景。

②常常与人生价值联系比较紧密。

③受早年生活经验和重要他人影响比较多。

④根深蒂固，非常稳定。

（2）阶段目标

①为长远目标服务。

②受现实条件制约比较明显。

③是指导当下做决策的标准。

④相对稳定。

（3）当下需求

①表现在日常生活中比较多。

②与个人所处需求层次有关。

③不太稳定，容易被改变。

■工具二：技能定位法

什么是理想工作？

兴趣 + 能力 + 社会需要 = 理想工作

下面我们尝试着把兴趣能力和社会这三个要素做一下分解（图 7-5）。

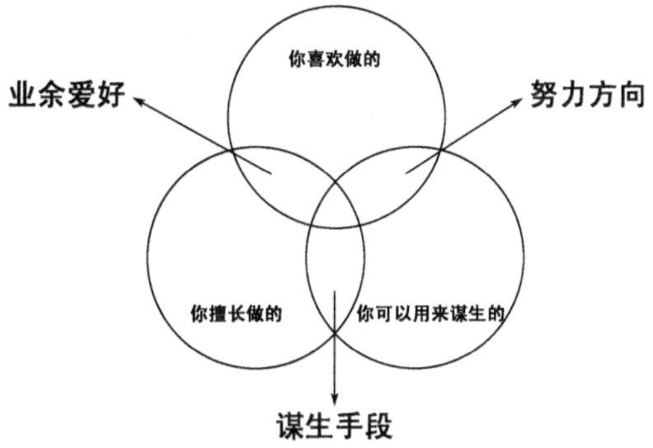

图 7-5　理想工作三要素图标

你喜欢做的：

无论能力高低，也无论他人如何评价，你依旧乐此不疲的事情有哪些？

____

无论在工作，还是生活中，你喜欢做的事情都有什么？__________

你擅长做的：

无论你是否喜欢，你擅长的技能有哪些？______________

相对于周围的人，你在哪些方面有很好的表现？__________

你可以用来谋生的：

哪些事情可以满足你生存的需要？______________

假如有一天走投无路，你可以用来谋生的技能有哪些？________________

■**工具三：阶段定位法**（图 7-6）

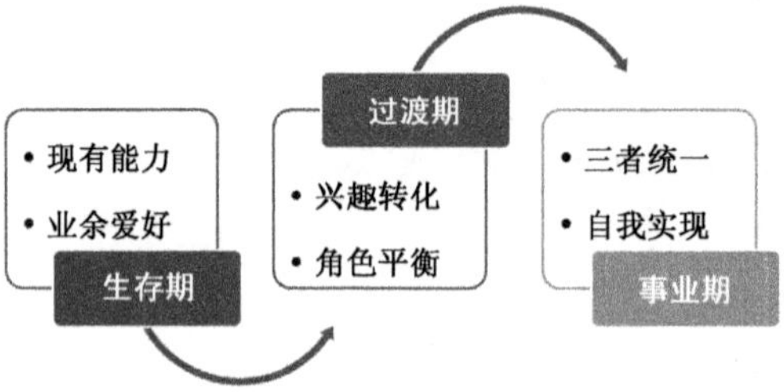

图 7-6　阶段定位法图示

工具来源：古典，2010 年

（1）生存期

为了获得生存，我们只能按照现有能力先找到工作，满足自己的基本需求。

这个阶段，兴趣只能做为业余爱好来丰富自己的生活，缓解压力。

（2）过渡期

工作内容实现基本可控，有一些自由的时间和精力，才有机会去考虑自己的兴趣。

通过学习、实践、积累，把自己的兴趣逐渐转化成未来的职业能力。

寻找新的机会去尝试和验证。

（3）事业期

自我实现的标志：做自己喜欢的、擅长的、有价值的事情。

新的领域，新的挑战，保持前进的状态。

小组讨论

结合日常的学生工作，谈一谈这些定位工具适用于哪些职业发展问题。

四、理性决策

1. 决策前的忠告

（1）决策无处不在。

——决策能力决定了一个人的生涯成熟度。

（2）没有完美的决策。

——我们的能力是有限的，选择意味着取舍。

（3）任何决策都是有风险的。

——决策就是根据当下的信息和个人的判断，朝向未来去冒险。

（4）决策不仅包括选择，也包括行动。

——很多时候，人们不是因为有了选择才能去行动，而是因为有了行动才能去选择。

——焦虑不会凭空产生，也不会凭空消失，除非我们采取行动。

——任何的决策都是承上启下的。

2. 决策方法

决策方法有：决策四步法、决策体验单、决策平衡单。

■工具一：决策四步法

如前文“决策四步法”所示，这里不再赘述。

■工具二：决策体验单（表 7-3）

决策体验单 表 7-3

选项	
价值	
挑战	
行动	
未来	

选项

无论选择哪个选项，都将对你接下来的生涯带来截然不同的体验，现在我们只能选择一个选项来做个体验：

请问，你想体验哪个选项？

好，现在我们就先把别的选项放下，尽情的来体验这个选项……

价值

每个选项都有吸引我们的部分，我们来看看对于这个选项，会给我们带来哪些价值：

假如你选择了________，那么在接下来从________到________的时间里，这个选择将给你带来哪些价值？________________________________

这个选择，会给你带来哪些好处？____________________________

挑战

有价值，必然有挑战，我们不妨把可能的挑战都罗列出来，看看如何应对：

假如选择了________那么接下来的________时间里，你必然要面临的挑战有哪些？____

选择这个选项，你需要克服的问题有哪些？________________________

行动

对于挑战，我们能够采取的行动就是接纳或者面对：__________________

对于上一条，我们将怎么办？________________________________

对于这些，哪些是我们不得不接纳的现实？哪些是我们可以通过努力去化解的？____

未来

必须着眼于未来，充分体验选择将给我们带来的感受，才能真正做出选择：来，我把刚才你所呈现的所有信息给你复述一遍，假如选择了________那么，在接下来的________时间里，我们将获得的好处有________，我们必然面临的挑战有________，对于这些挑战，第一条，我们将________，第二条，我们将________，现在想象一下，未来________，你愿意拥有这样生活的倾向程度是多少？____

■**工具三：决策平衡单**（表7-4）

决策平衡单 表7-4

影响因素	重视程度（1～5分）	选项________	选项________	选项________
		分数（－10～＋10分）	分数（－10～＋10分）	分数（－10～＋10分）
总分				

步骤

（1）无论选择哪个选项，你考虑的影响因素都有哪些？

请把这些影响因素填写在第一列。

（2）在一定的时期内，这些因素对于你的重要程度如何？假如按照1～5分的等级来评估的话，它们分别是多少分？

（最重视为5分，最不重视为1分）

请把这些分数填写在第二列。

（3）根据你之前掌握的信息，分别对每一个选项可能带来的预期影响进行评估。正面预期（有利于该因素的满足）用正分，根据影响程度不同，取值范围为1～10分。负面预期（不利于该因素的满足）用负分，根据影响程度不同，取值范围为－10～－1分。

（4）用每一个预期分数，乘以对应的重视程度分数（第二列的数字），写在预期分数的括号内。

（5）将每一个选项括号内的分数做算术加和，把得到的总分写在最下面一行对应空格内。

决策影响因素见表7-5，决策平衡单示例见表7-6。

决策影响因素表 表7-5

个人物质方面的得失	个人精神方面的得失	他人物质方面的得失	他人精神方面的得失
1. 收入 2. 工作的难度 3. 升迁的机会 4. 工作环境的安全程度 5. 休闲时间 6. 生活变化 7. 对健康的影响 8. 就业机会 9. 其他	1. 生活方式的变化 2. 成就感 3. 自我实现的程度 4. 兴趣的满足 5. 挑战性 6. 社会声望的提高 7. 其他	1. 家庭经济 2. 家庭地位 3. 与家人相处的时间 4. 其他	1. 父母 2. 师长 3. 配偶 4. 其他

决策平衡单示例 表7-6

影响因素	重视程度	A企业	B企业	C企业
		分数	分数	分数
自我认同	4	+3（+12）	+5（+20）	+2（+8）
自由	2	-3（-6）	-2（-4）	-1（-2）
人脉资源	3	+4（+12）	+3（+9）	+5（+15）
个人成长	5	+3（+15）	+5（+25）	+6（+30）
收入	4	+1（+4）	+6（+24）	+4（+16）
团队支持	3	+2（+6）	+1（+3）	+5（+15）
规范化管理	1	+2（+2）	+2（+2）	+5（+5）
挑战性任务	3	+2（+6）	+6（+18）	+4（+12）
多样化的学习机会	2	+6（+12）	+4（+8）	+2（+4）
系统化培养	4	+1（+4）	-1（-4）	+5（+20）
合计		+67	+101	+123

小组讨论

谈一谈，你对决策类问题的新认识。

有效行动

有效行动主要包括：逻辑层次、掌控之旅、时间—任务管理。

■工具一：逻辑层次

行动的逻辑层次如图 7-7 所示。

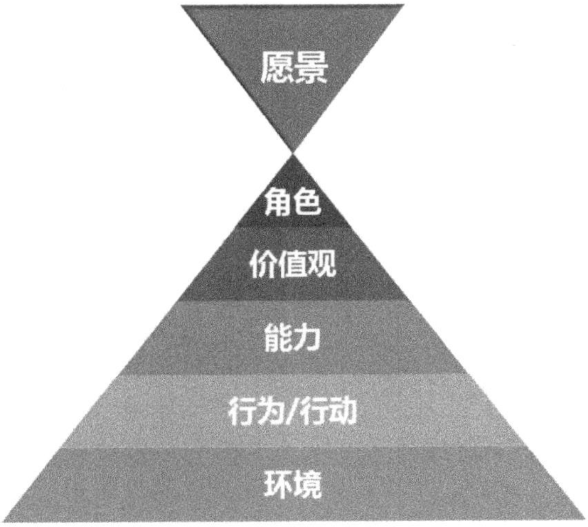

图 7-7　行动的逻辑层次

愿景

内心期待的呈现。

想象一下，假如问题解决了________________________________

在你看来，最理想的状态________________________________

你希望看到什么？听到什么？感受到什么？____________________

角色

身份/职位/称谓＿＿＿＿＿＿＿＿＿＿＿＿＿＿＿＿＿＿＿＿＿＿＿＿

在那个理想的画面中，你的身份是什么？＿＿＿＿＿＿＿＿＿＿＿＿＿

假如这个时候有人问你要一张名片，你名片上的职位会写什么？

＿＿＿＿＿＿＿＿＿＿＿＿＿＿＿＿＿＿＿＿＿＿＿＿＿＿＿＿＿＿＿

价值观

选择背后的动力与意义。

这个世界上的工作有千万种，为什么你觉得＿＿＿＿＿＿＿＿＿＿是你最理想的工作呢？

我想知道，为什么成为一名＿＿＿＿＿＿＿＿＿＿在你看来是有价值的？

你能告诉我，之所以这样选择，背后的理由吗？

能力

已经具备的，以及需要努力的。

选择＿＿＿＿＿＿＿＿＿＿，可以尽情发挥你已经拥有的哪些能力？＿＿＿＿＿＿＿＿＿＿＿＿＿＿＿＿＿＿＿＿＿＿＿＿＿＿＿＿＿

为了实现这个愿景，你还需要提高哪些能力？＿＿＿＿＿＿＿＿＿＿＿

行为/行动

具体的方案与计划。

为了提高这些能力，你打算如何行动？＿＿＿＿＿＿＿＿＿＿＿＿＿＿

你需要为此付出哪些行动？＿＿＿＿＿＿＿＿＿＿＿＿＿＿＿＿＿＿＿

你接下来的计划是什么？＿＿＿＿＿＿＿＿＿＿＿＿＿＿＿＿＿＿＿＿

行动掌控的逻辑层次如图 7-8 所示。

■工具二：掌控之旅

掌控之旅四阶段如图 7-9 所示。

第一阶段：无意识，无能力

此时是改变前的混沌期。

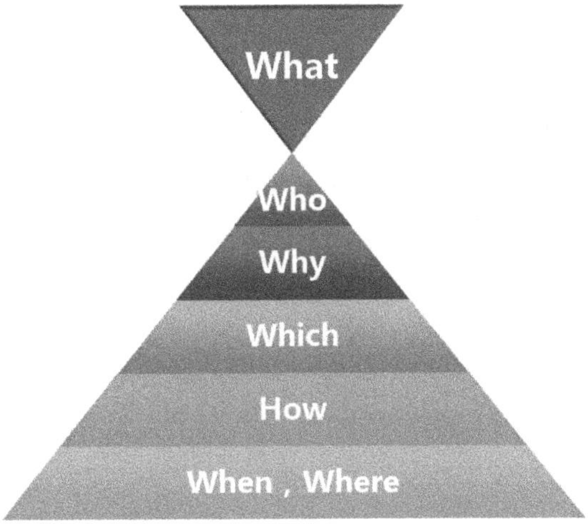

图 7-8　行动掌控的逻辑层次

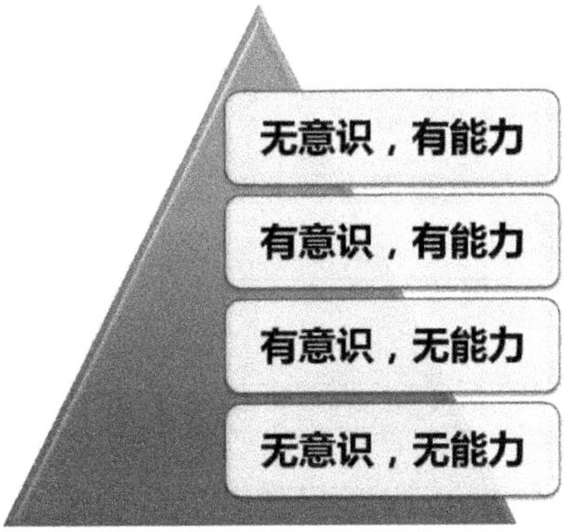

图 7-9　掌控之旅四阶段

我们并没有意识到自己需要行动和改变。

没有目标，没有压力，需要外界刺激来唤醒。

第二阶段：有意识，无能力

由于某些事件的唤醒，开始意识到自己的需要。

此时压力开始出现。

需要结合现实，探索合适的方法，寻找突破的途径。

第三阶段：有意识，有能力

开始逐渐掌握了一些知识、方法，但是不够熟练，无法融会贯通。

需要坚定意志力：从愿景和价值那里获得。

压力最大，如履薄冰，战战兢兢，有时候甚至会有放弃和逃避的冲动。

第四阶段：无意识，有能力

随着熟练程度的提升，逐渐进入自动化输出的状态。

由于知识结构不断完善，思维方式开始出现内化，此时开始产生掌控感。

成就感逐渐代替压力，创造性开始发挥作用。

如何平衡意识和能力，从而掌控自己的人生呢？如图 7-10 所示。

不同状态下的意识和能力搭配后，我们个人应该如何做呢？如图 7-11 所示。

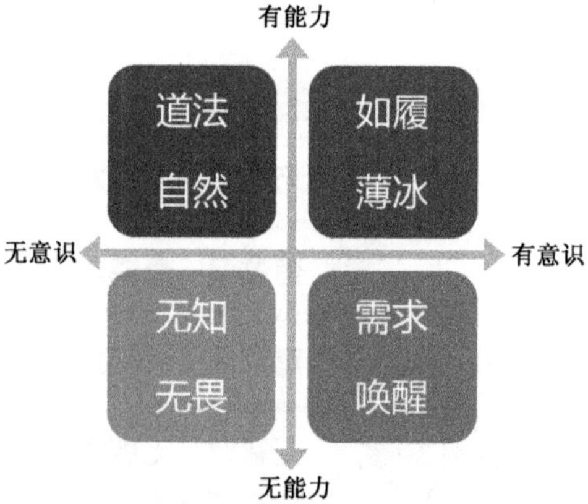

图 7-10　意化能力四象限图

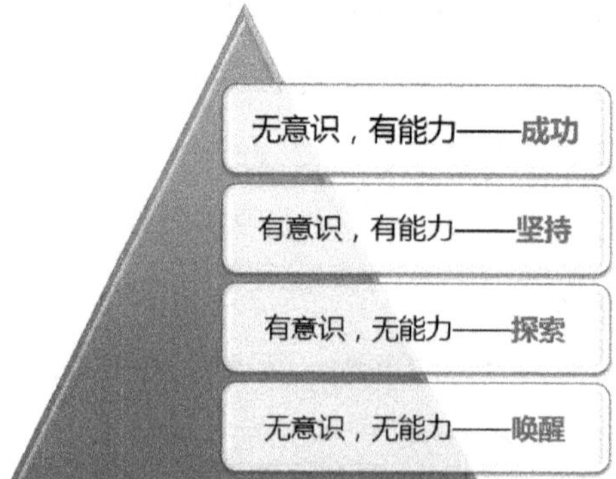

图 7-11　个人的做法

■工具三：时间—任务管理

不同时间段和不同重要性的任务，我们应当如何处理呢？处理方式如图7-12所示。

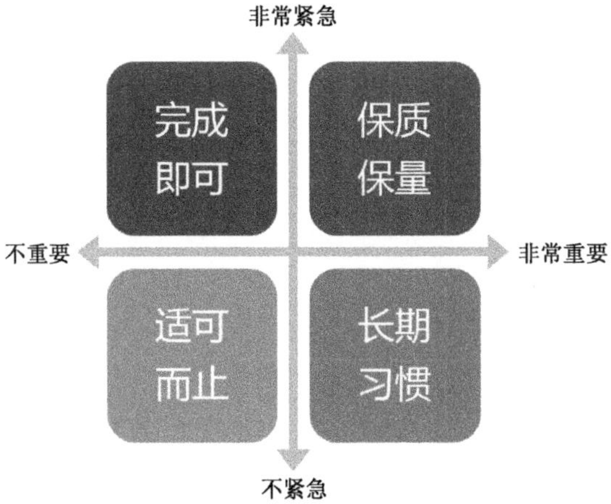

图7-12 时间—任务管理图示

问题总结

老师，大学应该怎么度过啊？

老师，我找不到努力的方向……

老师，怎样才能给自己一个定位？

老师，我该如何做出选择？

老师，怎样可以提高行动力？

能够做好工作的人并不一定能够找到工作，找到工作的人通常都是那些会找工作的人。

——李海民

简历与面试

简历

按照职业生涯规划流程，我们在做完自我探索和工作世界探索之后，考虑作出决策，然后就要开战求职行动。求职行动以什么作为开端？以制作求职简历作为开端。

在此之前，作为求职者，我们还有一些理念需要更新。了解简历的真正目的；掌握更有效的求职方法；学会从哪些途径建立人脉网络；掌握简历、求职信的写作方法与注意事项；寻找工作的理念；寻找工作机会；了解职位；建立你的人际关系网；如何写简历；如何写求职信。

在你知道的人中，你最欣赏谁的求职方法，为什么？

寻找工作的理念

寻找就业机会是最具挑战性的工作之一。重要的是找到“你的”工作，而不是“一个”工作。

那么，“你的”工作是什么？

寻找工作前的准备

足够的时间。对于找工作的准备永远没有太早一说。

支持

经济支持：简历、路费、必要的服装等；

精神支持：总是面对“不”时，谁始终是你的认同者？

传统求职方法主要有以下这些：

（1）机构提供的服务，例如学校就业指导中心；

（2）人才招聘会；

（3）报纸和杂志上的招聘广告；

（4）网络上的招聘广告；

（5）使用新方法寻找潜在的工作机会；

（6）亲自向人事经理申请；

（7）通过电话；

（8）创造你自己的工作。

寻找职位的方法

寻找职位的方法很多，主要方法和有效度如图 8-1 所示。

了解职位

如果了解一个职位是否适合你，需要了解哪些信息？

了解职位时可能关注的信息有：

（1）雇主和公司发展历史和发展潜力；

(2) 产品和服务；

(3) 地点；

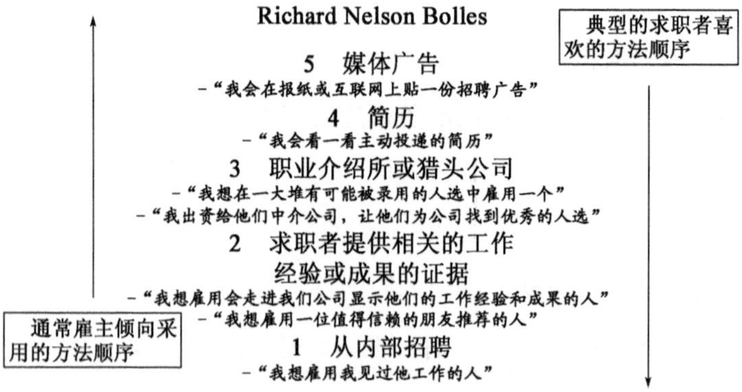

图 8-1　寻找职位的方法

(4) 与行业趋势相比，过去几年的年销售额；

(5) 主要竞争者；

(6) 组织的所有权，家族所有权对潜在进步的影响；

(7) 管理风格、组织文化；

(8) 员工数量；

(9) 组织结构、工作氛围、工作量；

(10) 下属参与决策活动的数量；

(11) 培训和发展计划；

(12) 典型的职业轨道；

(13) 升职政策；

(14) 技术使用，仪器的数量和类型；

(15) 如果是一个非营利组织，它的目的、资金来源、客户和功能是什么？

……

建立你的人际关系网

据估计，大约 65% ~90% 的工作是通过关系网找到的。然而，除非你明确了你想要的工作类型，否则不适合使用这种找工作的方式。

有哪些人可以在人际关系网内？

朋友、亲戚、邻居、同学、熟人、校友、老师、同事、以前的雇主、商业人士、专业人士、在会议（展销会）等结识的人、商业领域里的职员……

应克服不愿保持联络的特性。下面介绍一些帮你建立自信的方法：

(1) 做志愿者。目的在于发展与别人的关系和让别人了解你和你的才能。

(2) 明确写出你不喜欢关系的什么方面，设计一份适合你的关系行动计划。

(3) 从事人际联系活动时，要让你的精力处于最旺盛的时候。

关系网络的谬误

谬误1：当一个职位已刊登广告时不需要关系网络。发一份简历就够了。

谬误2：把关系网络严格地当作找工作的工具。

谬误3：加入很多团体，在会面时尽可能多地分发简历。

简历是什么？

简历是自己设计的有关个人的信息表——简要说明你胜任工作的特征。

简历的主要目的在于给潜在雇主留下印象，使你获得一次工作的面试机会，而不是一份工作。简历本身不会使你得到工作。只有通过了简历筛选，我们才能走到下一步，得到面试的机会。所以，一定程度上讲，简历是一块儿敲门砖。简历的好坏决定了我们能否敲开工作机会的大门。

你要通过简明扼要地陈述你可以为雇主做什么来达到这个目的。

简历是什么？

简历是产品说明 + 广告。用来展示你的工作技能以及对未来雇主的价值。英文是 Resume。意思是总结、归纳，也就是对个人经历的归纳和整理。

我们可以把简历看做“产品说明书”。这份说明书分为“广告”和“说明”两个部分。“广告”部分包含：产品名称（基本信息）、产品使用方向（求职意向）、产品性能（能力）和产品优势（荣誉和奖励等）。“说明”部分包括：产品使用历程（工作经历、社团经历等）和产品换代历程（教育经历和培训经历等）两部分。

简历的作用或者目的只有一个，那就是（在了解企业招聘需求的前提下）为求职者争取到一个面试机会。简单点说，就是求职者告诉企业，自己有哪些能力（给自己打广告），并且能用具体的业绩去证明你有这些能力（证明广告的真实性）。

一个中心两个基本点

通过以上分析，我们可以将简历写作的核心概括为"一个中心两个基本点"。

一个中心：以展示工作能力为核心（简历上写的一切都是围绕这一目的而展开的）。

两个基本点：1. 有针对性（针对求职目标来写）；2. 客观具体（事实依据）。

简历是自我推销的工具，是一种个人广告，用来展示你的工作技能以及它们对于未来雇主的价值。

简历的主要目的是：________________________

谁帮助你获得面试机会？________________________

简历的结构

简历的结构和主要组成要素如图 8-2 所示。

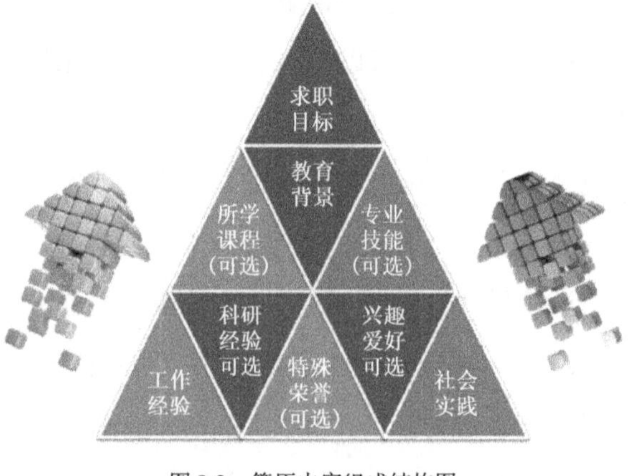

图 8-2　简历内容组成结构图

这些内容写作的主次，可以按表 8-1 进行区分。

简历内容要素主次表 表 8-1

<table>
<tr><td>产品名称（基本信息）</td><td>“基本”就好</td></tr>
<tr><td>产品使用方向（求职意向）</td><td rowspan="3">内容包括：
姓名、性别、出生年月、籍贯、民族、专业、邮编、政治面貌、联系地址、联系电话、联系邮箱、照片（标准照）</td></tr>
<tr><td>产品性能（能力）</td></tr>
<tr><td>产品优势（荣誉及奖项等）</td></tr>
<tr><td>产品换代历程
（教育经历、培训经历等）</td><td>斟酌列出或大胆呈现标点：
身高、体重</td></tr>
<tr><td>产品使用历程
（实习或工作经历/社团经历）</td><td>履历照片</td></tr>
</table>

简历展示（本专业往届生简历展示）与简历评议。参加几次招聘会，看看你的师兄师姐或其他求职者们做的简历是怎样的。形式、内容、如何投递等等，感受一下职场对简历的要求吧！

最后，写一份你自己的简历吧。看看自己有哪些可写的，有哪些需要准备的。做好计划，及早开始准备求职吧！

面试

面试不是考试，比的不是最好，而是最合适！

——李海民

面试是什么？

面试是一种口头测试，是向面试官证明你能胜任这份工作。它是筛选求职者和招聘新员工使用最广泛的程序。

面试就是一条双向通道——信息互相交换的通道。

面试形式有哪些？分别被哪些招聘采用？

主要包括以下三种方式：单人面试（单面）、多对一面试、群组面试（群面）。

单面，就是一个面试官面试一个求职者的面试形式。

多对一面试，就是多个面试官（不管是 HR 还是公司高层）面试一个求职者的面试形式。现在比较火的求职类节目《非你莫属》和《职来职往》都是采用的这种面试方式。

群面，方式比较多样，比较常见的方式是无领导小组讨论的方式。

面试准备，主要有三个方面，即心理、礼仪和细节。

面试的目的，一是向面试官证明你能胜任这份工作；二是了解该组织/公司及职位的条件、要求等，判断自己是否真想在那里工作。

因此，面试是一个双向选择的过程。虽然你不能控制面试，但你可以控制会谈的内容。记住，你不是一个苹果！

面试中常见的问题：

（1）向我（公司）介绍一下你自己。

（2）你的短期目标是什么？2 年后和 5 年后你的目标是什么？

（3）你怎么看待这份工作和职位？

（4）你最满意/不满意的经历是什么？

（5）你的长处/弱点是什么？

（6）你最擅长处理什么类型的问题？

（7）你怎样缓解压力、怎样保持生活平衡？

（8）你过去的上司有什么共同点？

（9）你最喜欢/不喜欢什么课程？为什么？

（10）从你的兼职/暑期/公司/实习经历中，你学到或者你得到了什么？

（11）如果我让你的朋友描述你，你认为他们会怎么说？

（12）为何到现在还没有找到工作？

(13）看上去你好像在____领域（例如，销售、筹款、簿记）没有什么经验，是吗？

面试过程中要理解言语和非言语沟通。

当你回答问题，谈论过去和现在的活动的时候，要通过你的措辞和身体语言（如，兴奋的语调、稍稍向前倾斜、点头表示同意）传达出你的激情和活力。

保持眼神接触很重要，如果不这么做，暗示着你缺乏自信或者更糟，可能会让雇主认为你不够坦率。

保持镇静和克己，把一个困难的问题视作一个学习的机会，这样可以使你成为一个更优秀的人。

面试结束后，确定你了解雇用过程。知道对方在未选择好申请人之前还有面试要参加。

表达你对这个职位的兴趣，感谢对方给你面试的机会。

向对方要一张名片或者确定你知道面试官的名字、职务和地址以便你能够发送一封感谢信给他。确定你的信函在面试后的24小时内到达。

从现在开始就关注面试吧，准备工作永远都不嫌早。

练习：

根据自己的意向职位准备面试（或找本专业相关面试视频资料进行分析）。

影响我们前进步伐的因素不是遥不可及的目标，而是我们鞋中的那些小石粒。

——佚名

调整与评估

确定目标

我们每个人都会确立自己的目标，那么确定了目标之后，如何实现你的目标呢？

你所设立的目标一定要具备以下三个特性：

第一，目标一定要能让你热血沸腾；

第二，目标要有可以计算的规模；

第三，目标要有实现的期限。

设立目标的五个指导原则（图9-1）：明确的、可测量、可达到、有价值、时间表。

确定职业目标的具体行业指向：如电子行业、机械行业、服务行业等；

确定职业目标的具体岗位指向：如程序员、工程师、机械维修员等；

确定职业目标的具体指向：如选择大单位还是小单位；大都市还是小城

镇；东部、中部、还是西部等等。

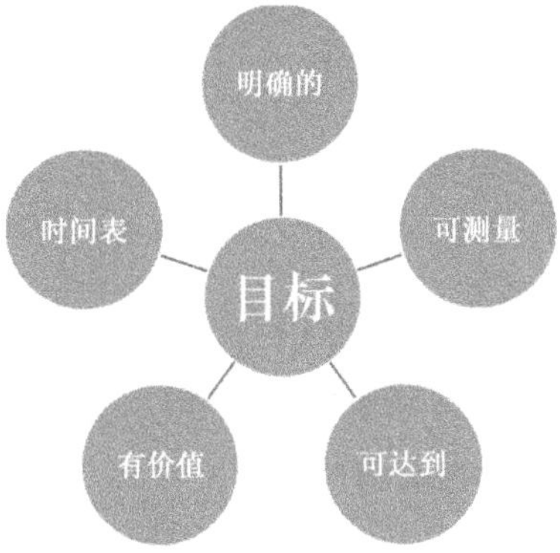

图 9-1　设立目标五原则

对目标的阐述，要包括以下内容：

（1）什么，即具体职位、技术等级等。

（2）何时，即什么时间达到或实现目标。

（3）内涵，即从事该职位应具备的素质及如何去达到应有的素质，还包括可能的外部环境变化及变化后的调节手段。

制订实现职业生涯目标的行动方案

分析差距，制订策略，制订行动计划与措施。

没有行动的目标永远是可望而不可及的。只有付之于行动，目标才能变为现实。通过制订分阶段的实施方案，提出具体举措，有步骤地一步一步实现目标。

在学习方面、在潜能开发方面、在社会实践方面、在社会工作方面、在思想政治方面、在为人处世方面用行动落实规划，在行动中不断实现每个目标，同时，在行动中完善新的目标。

评估与调整

根据具体目标情况，定期对阶段性的行为及其结果进行评估，分析成败得失，总结经验教训，依据新情况适时调整目标，修订行动方案。以一切为自己负责为原则，及时调整、完善、总结。

1. 调整的时间

一是毕业前夕，有了求职的实践，根据求职过程和自身条件的检验，以及新的就职信息和供需实际，在求职过程中进行调整；二是工作3～5年时，有了从业的实践，根据从业过程和自身条件的检验，以及环境和自身素质的变化，在职业转换过程中进行调整。

2. 调整的方法

（1）自我条件重新剖析——“我能干什么？我能干好什么？”
（2）生涯机会重新评估——“我可以干什么？”
（3）职业生涯目标修正——“我为什么干？”
（4）落实生涯规划修订——“我应该怎么干？”
大学生职业生涯规划的总原则：
一切为了自己，为了自己的一切。一切为自己负责，为自己的一切负责。

个人生涯规划书格式与内容

现在，职业生涯规划大赛已经不是新鲜事物了，网上有很多大赛作品，大家可以自行搜索参考。总体而言，一个完整的个人生涯规划书内容如下：

目录

总论（引言）

一、自我分析

1. 个人基本情况

2. 职业兴趣

3. 职业能力及适应性

4. 个人性格（特质）

5. 职业价值观

6. 胜任能力

7. 自我分析小结

二、职业生涯条件分析

1. 家庭环境分析

2. 学校环境分析

3. 社会环境分析

4. 职业环境分析

5. 职业生涯条件分析小结

三、职业目标定位

1. 短期目标的确定

2. 中期目标的确定

3. 长期目标的确定

四、具体执行计划

分析差距，制订策略，制订行动计划与措施

五、评估调整

1. 评估的内容

2. 评估的时间

3. 规划调整的原则

六、结束语

制订有效行动方案的几个问题：

权衡有关决定所掌握的一切信息，你准备做出一个什么样的行动计划？

确定行动计划的启动日期了吗？

你的行动计划是否有一个明确的目标？

行动计划是否包含一个具体的完成目标的步骤？

行动计划是否包含详细的完成目标所必须具备的条件？

规划的评价标准

自我分析全面、准确，有依据；职业条件分析客观、联系实际、有目的；职业目标明确、适合、可实现；差距分析清晰，措施有针对性、具体、可操作、可检查；评估内容明确。

案例一　蚯蚓的目标阶梯

18岁，高中毕业典礼上：我发誓要当李嘉诚第二！我要当中国首富！

20岁，春节老同学团聚会上：我想创立自己的公司，30岁前拥有资产2000万。

23岁，在某市工厂当技术员，第二职业是炒股：我正在为离开这家工厂而奋斗，因为在这里工作太没前途了。我将全力炒股，3年内用5万元炒到300万元。

25岁，炒股失意而情场得意，开始准备结婚：我希望一年后能有10万元，让我风风光光地结婚（挺现实的想法）。

26岁，不太风光的结婚典礼上：我想生一个胖小子，不久的将来当个车间主任就行，别的不想了（是不是结婚都会使人成熟?）。

28岁，所在工厂效益下滑，偏偏正是妻子怀胎十月的时候：希望这次下岗名单里千万不要有我的名字。

案例二　孙正义的人生规划

20～30岁时，要向所投身的行业宣布自己的存在；

30～40岁时，要有1亿美元的种子资金，足够做一个大项目（当时身上只有100多美元）；

40～50岁时，要选一个非常重要的行业，并在这个行业中取得第一，公司将有10亿美元以上的资产用于投资。

50岁时，完成自己的事业，公司营业额超过100亿美元；

60岁时，把事业传给下一代，回归家庭，颐养天年。

“99%的人所走的路是这样的，先根据自己现有的资金、实力去做最可行的事。而这99%人只会取得一般性的成功。”这个方法不错，也比较安全。而孙正义是反其道而行之，让梦想推动行为：设定一个非常大的愿景，然后再决定要在多少时间里面实现这个愿景；然后再决定一个个具体的日程表、即目标细分，一步一步回推到今天。

孙正义说：“最初所拥有的只是梦想，以及毫无根据的自信而已。但是，所有的一切就从这里出发。”

职业生涯规划就像航标一样指引我们不断前进，为我们的行动提供一幅路线图或行动图，从而减少不确定性和模糊性，并对有限资源进行合理分配，从而取得事半功倍的效果。

尝试着写一份自己的职业生涯规划书吧！认清自己，探索工作，做出决策，行动吧！

课外阅读推荐：

《哈佛职业生涯设计》

《选对池塘钓大鱼》

《做最好的自己》

我从不认为半小时是微不足道的很小的一段时间。

——达尔文

时间管理

故事一

教授在给即将毕业的学生上最后一次课。

令学生们不解的是，讲桌上放着一个大铁桶，旁边还有一堆拳头大小的石块。

“我能教给你们的都教了，今天我们只做一个小小的测验。”

教授把一堆鹅卵石一一放进铁桶里。当铁桶里再也装不下一块石头时，他停了下来。教授问“：现在铁桶里是不是再也装不下什么东西了?”“是。”学生回答。

“真的吗?”教授问。随后，他不紧不慢地从桌子底下拿出了一小桶碎石。他抓起一把碎石，放在已装满石块的铁桶表面，然后慢慢摇晃，然后又抓起一把碎石……

不一会儿，这一小桶碎石全装进了铁桶里。“现在铁桶里是不是再也装不下什么东西了?”教授又问。“还……可以吧。”有了上一次的经验，学生们变得谨慎了。

“没错!”教授一边说，一边从桌子底下拿出一小桶细沙，倒在铁桶的表面。教授慢慢摇晃铁桶。大约半分钟后，铁桶的表面就看不到细沙了。“现在铁桶装满了吗?”“还……没有。”学生们虽然这样回答，但心里其实没底。

“没错!”教授看起来很兴奋。这一次，他从桌子底下拿出的是一罐水。他慢慢地把水往铁桶里倒。

水罐里的水倒完了，教授抬起头来，微笑着问：“这个小实验说明了什么?”一个学生马上站起来说：“它说明，你的日程表排得再满，你都能挤出时间做更多的事。”“有点道理。但你还是没有说到点子上。”教授顿了顿，说：“它告诉我们：如果你不是首先把石块装进铁桶里，那么你就再也没有机会把石块装进铁桶里了，因为铁桶里早已装满了碎石、沙子和水。而当你先把石块装进去，铁桶里会有很多你意想不到的空间来装剩下的东西。在以后的职业生涯中，你们必须分清楚什么是石块，什么是碎石、沙子和水，并且总是把石块放在第一位。”

你的时间在哪里，成就就在哪里。如果时间都用在了石块上，你的成就就像石块；如果都用在了沙子上，那成就就如沙；用在水上，成就就若水。古语云，“求乎上取乎中，求乎中取乎下”，如何抉择，在自己。

有效管理时间

如何消除时间压力，有效管理时间?一是高效地利用每一天的时间，二是长远打算，有效地利用自己的时间。

1. 对自己的不良习惯说“不”

(1) 很多时候我们不知道自己应该做什么，解决困惑的办法是去掉不需要的和达不到的目标。这就要求你将自己的精力用在能够达到目标的工作上。最重要的，学会对那些让自己参加其他活动的要求说“不”。在说“不”时态度要坚决，在说出“不”之后，千万别有负罪感。别人不是你行为的评判官。

(2) 很多时候我们犹豫不决不知道应该怎么做，也就是人们常说的“鸵鸟政策”，对不愉快的事情不予理睬。犹豫不决意味着我们对某一任务不是一次完成，而是要花很多次的时间。

(3) 很多时候我们精力分散什么都想做。精力分散是企图做超出需要的甚至超出可能的过多的事情。在同一个时间完成几个任务会使人的注意力在几个目标之间转移，这给人的精神上造成了更大的压力。

(4) 很多时候我们拖延。拖延是时间的窃贼。时间管理专家道格拉斯将拖延分成三种类型：拖延自己不喜欢做的事情、拖延困难的事情、拖延难以决定的事情。其实我们可以用以下的四种办法来防止对事情的拖延：①定一个期限，可以刺激我们的紧迫感；②将不愉快的事情先完成，之后便会在期待愉快或喜欢的部分，使今天在正面的情绪中结束；③把事情当作“游戏”来完成，以有趣的态度来处理；④给自己定一个奖励合同，如完成之后可以多休息一会儿，或者可以听一会儿音乐。

(5) 很多时候我们逃避。虽然看不到问题了，可是麻烦依然还在，所以，鸵鸟式拖延不可取。

(6) 还有很多时候我们追求完美。完美主义者通常都会因事情没有他们想象中那么好而感到失落，令情绪紧张。完美主义的思想必须立即停止。请切记，有些时候，事情做得恰到好处就好，不要苛求完美。

(资料来源：Phillip L. Rice 著，石林等译：压力与健康)

2. 以控制感消减压力

要想加强压力的抵抗力，只有培养基础体力的方法，才能使自己具有自主的能力、控制生活的感觉，在此介绍几种能立刻付诸实现的方法：①养成每天写日记的习惯，以反省自己；②从身边一些小困难下手；③把握平时能独当一面的机会；④按照核心准则来判断事件的重要性也是说“不”的关键。

时间效用管理就是在你所能够控制的时间内，完成你想要完成的事情，而不是完成别人要求你要完成的事情。

3. 时间管理的方法

(1) 考察自己时间管理的特点

要想管理好自己的时间，首先要回答三个基本问题：我要做什么、什么时候做、需要多长时间。获得这些信息的方法是记录时间日记。

具体的做法是：在一页纸的第一行写下日期，然后在纸的左边记下时间段（最短的时间可以精确到15分钟，最长可以到一个小时），右边写下要做的事情。收集了一周之后，开始寻找自己利用时间的规律。首先将无关时间（如上班路上的时间）排除在外，然后找出自由利用的时间（自己可以自由控制的时间），最后找出自己不能控制的时间。

时间管理的创始人塔克认为管理者只有25%的可控时间，其余的时间是不可控制的。找到了不可控的时间之后，看看在自由时间内是否有可以改善的地方，或者是否有浪费时间的地方。不要为了推脱责任将时间划为不可控时间。

如果看到大段的自由时间被分割，可以找出干扰的因素，这时你可能会发现一个简单的行动计划使情况得以改善。假如发现很多时间都花在上下班的路上，你可能会让这段时间变得有意义。

（2）将每个工作依其重要性及紧急性排序

设定目标应该遵循以下几个原则：①建立清楚的目标；②确定每个目标的优先权；③找出可以在短时间内完成的工作；④确定完成较小工作的时间；⑤定期对目标进行评估。

目标首先应该是清楚和可以达到的。应该明确区分目标和梦想的真正含义。

梦想是进步所必须的，然而不现实的梦想通常只能产生失落和较低的业绩。

关于时间的管理，可以从时间的有效性和高效性两个维度来界定。时间的有效性决定了你利用时间的方向性，时间的高效性决定了你做事情的效率。关于时间管理的高效性的方法在各种著作中十分常见，包括利用日历、做计划单、学会说“不”、整理书桌等。很多人都用了这些方法，但是仍然觉得时间不够用。这并不是说以上的方法是无效的。这些方法只是利用时间的高效方法，但并不能有效地消除时间压力源，也就是说，以上的方法不是有效利用时间的方法。

许多时间管理的专家利用时间管理矩阵（图 10-1）来表述事件的重要性和紧急性。重要的事情指那些具有重大意义的事情，而紧急的事情是指那些需要立即做出决定的事情。处理工作危机和客户抱怨是重要性和紧急性都很高的事情；接电话、收邮件和一些不时地打断是一些非常紧急但并不重要的事情；个人的发展机会和生涯设计是非常重要但并不紧急的事情；一些简单的谈话、做白日梦是一些既不重要也不紧急的事情。

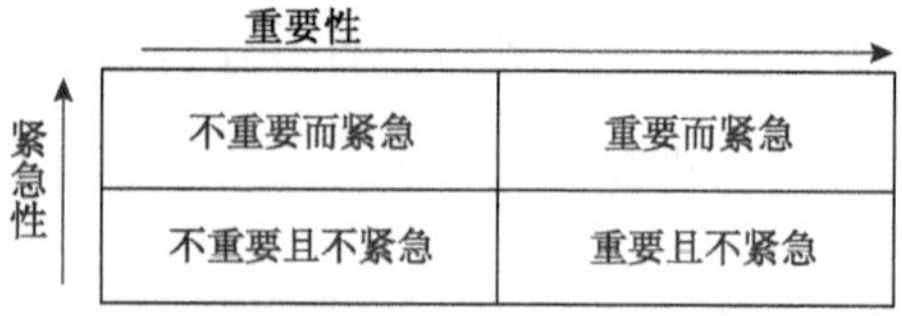

图 10-1　时间管理矩阵（压力事件的两维度模型）

（资料来源：*Developing Management Skills*，written by David et al.）

重要而紧急的事情经常排满了经理的日程表。这些事情都是必须立即做出决定的重要事情。参加一个重要会议、回一个重要的电话、面见一个客户，以及完成一个报告都是既重要又紧急的事情。这些事情要求经理人做出反应，它们经常是由别人支配的事情，事情的结果也不是由经理人可以控制的。

不重要但紧急的事情对经理人来说是更加糟糕的事情。这些事情往往意味着对工作的打断，使时间压力变得更大。在一个人压力过大的情况下，他往往处理那些既不重要也不紧急的事情，以减缓压力的影响。这实质上是一种逃避。这种逃避可以暂时缓解压力感，但是不能根本解决问题。一个最好的办法是将精力集中在那些非常重要但不紧急的事情上。这种做法可以将紧急而且重要的事情“消灭”在萌芽状态，我们可以认真计划和准备那些对我们的事业发展具有重要作用的事情，这样就多了一分控制，而不仅仅被动地对一些事情做出反应。这些事情不紧急，因此往往不会排在经理人的时间表中。事实上，重要而不紧急的事情应该排在时间表的最重要的位置，只有这样，紧急的事情才会被减少，时间压力源才能够消除。

在确定目标的优先权时，应该区分重要和紧急的不同性质。紧急的任务指那些需要必须马上处理和关注的。在现在社会中，电话、传真和电子邮件都可以包括在紧急任务之中。例如每次电话响起之后，就是一个紧急呼唤的信号："赶快拿起电话来吧！"这时我们会马上停止正在进行的工作，跑去接电话，恐怕没有接到电话之前对方就挂断了。然而，所有的电话都是重要的吗？并非如此。如果我们认为手边的事情更重要的话，可以不去接听，或者由周围的人去接。这时我们就获得了很多控制权。因此，紧急不一定意味着顺序优先。有些事情是重要的，但从来就不是紧急的；而有些事情总是紧急的，但是却不重要。时间管理的技巧是将重要的事情列入紧急的事情之列，而将不重要而且紧急的事情授权给其他的人去做。

表10-1可以帮助我们从重要性和紧急性两个维度来区分做事情的顺序。我们可以反省自己的行为风格，是不是经常陷入那些不重要但是很紧急的事务之中？如果是这样，说明你在时间管理方面的潜力还有待开发；如果你能够抓住那些重要而紧急的事情，说明你在时间管理方面基本上是成功的；如果你能够着眼于那些重要而不紧急的事情，说明你已经是一个管理时间的高手了。

优先级矩阵 表10-1

	紧急	不紧急
重要	Ⅰ. （1）危机 （2）急迫的问题	Ⅱ. （1）防患未然 （2）改进产能 （3）建立人际关系 （4）发掘新机会 （5）规划、休闲
不重要	Ⅲ. （1）不速之客 （2）某些电话 （3）某些信件与报告 （4）某些会议 （5）必要但不重要的问题 （6）受欢迎的活动	Ⅳ. （1）繁琐的工作 （2）某些信件 （3）某些电话 （4）浪费时间的事儿 （5）有趣的活动

你是一位公司的副总裁，正急着去参加公司的一个重要会议。然而在路上由于司机着急赶路而闯了红灯，车子被扣下了。这时你有如下的几个选择：

①跳下车与交警大声争辩自己有紧急事务；②给公司打电话，说自己有紧急事情可能要迟到了；③向交警耐心说明自己的实际情况，请他体谅并且让他放行；④留下自己的司机处理这件事情，你迅速转乘出租车赶往开会地点。你觉得你当时的反应会接近哪一种呢？

以上所描述的只是一个很小的事情，但这种事情我们在日常工作中会经常遇到。显然，第四种可能是最明智的选择。车子被扣留是一个非常紧急的事情，尤其在匆忙赶路的时候，但它对你来说并不是最重要的，你最重要的目标是参加会议。因此，这件事情完全可以授权给你的司机来处理。对司机来说，这件事情是非常重要的。你如果能够转乘出租车的话，这件事情对他也就不会像原来那么紧急了。因此第四种选择可以同时减少总裁和司机两个人的压力。

工作时间的分配

请列出上班时间内必须负责的事务，同时对每件事情做一个深入的分析，如表 10-2 所示。

工作时间分配表 表 10-2

工作项目	工作占据整个工作的百分比	这项工作之优先程度如何（高中低）	喜欢做这件事情，还是不得已而为之	能处理好这件工作吗	属于自我裁定性的还是非自我裁定性的

做完以上的自我分析后，请回答下面的问题：

（1）我是否在做一些不必要的事情？

（2）在这些事情中，对我而言，哪些事情费时最多？

时间的利用

时间管理的中心理念就是用你的时间做最重要的事情，或者说用自己有限的时间达到目标。以下练习（表 10-3）的目的在于探测你是否聪明地利用了时间。

时间管理自查表　　表 10-3

问　题	经常（4 分）	有时（2 分）	很少（0 分）
你是否写下“必做事情一览表”？			
你是否按回报额依次去做表中的事项？			
你是否完成了“必做事情一览表”中所有的事情？			
你是否将你的专业与个人目标按最近的计划来调整？			
你的书桌是否干净整齐？			
你是否将东西放在应该放的地方？			
你是否有效地去处理中断和干扰？			
你能够在档案中很容易地找到所需文件吗？			
你是否自我肯定？			
你是否给自己不受干扰的安静时间？			
你是否能够有效处理言不及义的电话？			
你是否能有效预防问题的发生？			
你是否充分利用时间？			
你是否能够在期限之前完成工作，并有多余的时间？			
你是否准时上班、开会或参加其他的活动？			
你是否善于授权？			
你的下属是否依照你的命令与你充分合作？			
当你的工作被中断之后，是否能够很快继续做下去？			
你是否每天都做一些能逐渐完成远程目标的事情？			
你在自由的时间内是否能够放松，而不是去担心工作？			
你是否在精力最旺盛的时候做你认为最重要的事情？			
别人知道在最恰当的时候来找你吗？			
缺席时，别人是否能够替代你的工作？			
你是否准时开工，准时完工？			
每份文件你是否只处理一次？			

81～100 分：你管理自己的时间非常得当，大部分时间你能控制情境。

61～80 分：你仅有时管理时间得当，必须贯彻自己的时间管理法。

41～60 分：你快要失控了，必须好好学习时间管理的方法。

21～40 分：你已经失控，缺乏组织能力，丧失任何时间的控制面。

0～20 分：你已经向时间压力投降。如果想改善现状的话，需要好好运用时间管理的方法。

达到以上目的的办法是列出长期、中期和短期的时间目标，然后对清单上的事情按照重要性来排序，最后将大部分时间分配给清单最前面的事情。时间管理的创始人塔克曾经说过“做正确的事情比把事情做得正确更加重要”。因此了解哪些事情是重要的非常重要。

在一段时间内确定的目标并不永远是有效的。为了防止做不正确的事情，重新评估是根本。阿尔敦是第一批登上月球的宇航员之一，返回地球后精神就崩溃了。他的自传可以告诉我们发生了什么事情。根本的问题在于，他忘记了除了月球还有生活！他的注意力过于集中于登上月球而忘记了去想以后要做什么。许多管理者也和他一样，他们把一生都奉献给了公司，然后退休。退休之后大部分人在一年半的时间内就都死去了。研究表明，这些人如阿尔敦一样失去了生活的目标。

改正自己的做事偏好

除了从时间的效用来考虑时间管理之外，同时还要注意时间的利用效率。有很多技能帮助我们有效地利用每天的时间。

一个方法就是注意自己无效利用时间的偏好。下面列出了做事情的一些习惯性行为，在大多数情况下，这些行为从时间管理的角度来看都是不合理的。

（1）在做我们不喜欢做的事情之前，先做我们喜欢做的事情；

（2）喜欢做自己知道如何做的事情，不喜欢做自己不知道如何做的事情；

（3）先做最容易完成的事情，再做最难完成的事情；

（4）先做需要很少时间就能完成的事情，再做需要很多时间才能完成的事情；

（5）做完成资源充足的事情；

（6）先做计划内的事情（如开会），再做计划外的事情；

（7）我们先关注别人的需要，而后才考虑自己的需要；

（8）我们先做紧急的事情，再做重要的事情；

（9）我们很容易对危机和紧急事件做出反应；

（10）我们先做有兴趣的事情，再做没有兴趣的事情；

（11）只有快到最后期限时，我们才会全力以赴；

（12）我们做事情要看是谁需要我们来做；

（13）我们做出反应依赖于做某件事情或者不做某件事情产生的后果；

（14）在解决大问题之前，我们先解决小问题；

（15）我们根据事件出现的先后顺序来处理事务；

（16）我们做事情依据这件事情对团体产生的后果。

例如，如果我们总是先做有计划的事情，而后再做没有计划好的事情，这样一些很重要的事情就永远也不会完成，除非我们已经做了计划。再如，我们总是先做容易的事情，而后再做困难的事情，我们的大部分时间就会花在一些琐碎的、很容易完成的小事情上，而一些重要的但困难的事情却不能完成。

时间管理非常重要，有必要拿出专门的时间和精力去学一学。华为公司能在短短十几年的时间里飞速崛起，在时间管理方面做得就非常好，并且总结出了一套行之有效的方法，叫《华为时间管理法》，建议大家好好学一学。时光不可重来，但是时间可以被充分地利用，只要你学会了正确的方法。

这个世界不加热到100℃，你就永远喝不到开水；不付出100%的努力，你就永远只能看着别人成功。记住，成功和荣誉永远只属于最棒的员工！

——《做最棒的员工》

职业素养

职业素养是指职业内在的规范和要求，是在职业过程中表现出来的综合品质，包含职业道德、职业技能、职业行为、职业作风和职业意识等方面。

职业素养的三大核心

1. 职业信念

“职业信念”是职业素养的核心。那么良好的职业素养包含了哪些职业信念呢？良好的职业道德、正面积极的职业心态和正确的职业价值观意识，是一个成功职业人必须具备的核心素养。良好的职业信念应该由爱岗、敬业、忠诚、奉献、正面、乐观、用心、开放、合作及始终如一等这些关键词组成。

2. 职业知识技能

“职业知识技能”是做好一个职业应该具备的专业知识和能力。俗话说

“三百六十行，行行出状元”，没有过硬的专业知识及精湛的职业技能，就无法把一件事情做好，就更不可能成为“状元”了。

所以要把一件事情做好就必须坚持不断地关注行业的发展动态及未来的趋势走向；要有良好的沟通协调能力，懂得上传下达，左右协调从而做到事半功倍；要有高效的执行力。研究发现：一个企业的成功30%靠战略，60%靠企业各层的执行力，只有10%的其他因素。中国人在世界上都是出了名的“聪明而有智慧”，中国人不缺少战略家，缺少的是执行者。执行能力也是每个成功职场人必须修炼的一种基本职业技能。还有很多需要修炼的基本技能，如：职场礼仪、时间管理及情绪管控等等，这里就不一一罗列了。

各职业有各职业的知识技能，每个行业还有每个行业的知识技能。总之学习提升职业知识技能是为了让我们把事情做得更好。

3. 职业行为习惯

“职业行为习惯”就是在职场上通过长时间的学习-改变-形成而最后变成习惯的一种职场综合素质。

心念可以调整，技能可以提升。要让正确的心念、良好的技能发挥作用就需要不断地练习、练习、再练习，直到成为习惯。

职业素养的四大内涵

职业素养的四大内涵有：

（1）职业道德；

（2）职业思想（意识）；

（3）职业行为习惯；

（4）职业技能。

前三项是职业素养中最根基的部分，而第四项是支撑职业人生的表象内容。

在衡量一个人的时候，企业通常将二者的比例以6.5:3.5进行划分。

前三项属世界观、价值观、人生观范畴的产物。从出生到退休或至死亡逐步形成、逐渐完善。而最后一项，是通过学习、培训比较容易获得的。例如，计算机、英语、建筑等属职业技能范畴的技能，可以通过3年左右的时间令我们掌握入门技术，在实践运用中日渐成熟而成专家。可企业更认同的道理是，如果一个人基本的职业素养不够，比如说忠诚度不够，那么技能越高的人，其隐含的危险越大。

做好自己最本职的工作，也就是具备了最好的职业素养。所以，用大树理论来描述两者的关系比较直接：每个人都是一棵树，原本都可以成为大树，而根系就是一个人的职业素养。枝、干、叶、型就是其显现出来的职业素养的表象。要想枝繁叶茂，首先必须根系发达。

如何培养自己的职业素养?

1. 职业素养及其在工作中的地位

很多企业界人士认为，职业素养至少包含两个重要因素：敬业精神及合作的态度。敬业精神就是在工作中将自己作为公司的一部分，不管做什么工作一定要做到最好，发挥出实力，对于一些细小的错误一定要及时地更正，敬业不仅仅是吃苦耐劳，更重要的是“用心”去做好公司分配给的每一份工作。态度是职业素养的核心，好的态度比如负责的、积极的、自信的、建设性的、欣赏的、乐于助人等态度是决定成败的关键因素。敬业精神就是在工作中要将自己作为公司的一部分，所以，职业素养是一个人职业生涯成败的关键因素。职业素养量化而成“职商。”英文Career Quotient，简称CQ。也可以说一生成败看职商。

那么，职业素养在工作中的地位如何呢?

我们可以总结比尔·盖茨、李嘉诚、牛根生等著名人物的成功历史，并进一步分析所看到的众多职场人士的成功与失败，得到了一个宝贵的理念：一个人，能力和专业知识固然重要，但是，在职场要成功，最关键的并不在于他的能力与专业知识，而在于他所具有的职业素养。一个人在职场中能否成功取决于其“职商”，工作中需要知识，但更需要智慧，而最终起到关键作用的就是素养。缺少这些关键的素养，一个人将一生庸庸碌碌，与成功无缘。拥有这些素养，会少走很多弯路，以最快的速度通向成功。

前面已经提到，很多企业之所以招不到满意人选是由于找不到具备良好职业素养的毕业生，可见，企业已经把职业素养作为对人进行评价的重要指标。如某咨询公司在招聘新人时，要综合考察毕业生的 5 个方面：专业素质、职业素养、协作能力、心理素质和身体素质。其中，身体素质是最基本的，好身体是工作的物质基础；职业素养、协作能力和心理素质是最重要和必需的，而专业素质则是锦上添花的。职业素养可以通过个体在工作中的行为来表现，而这些行为以个体的知识、技能、价值观、态度、意志等为基础。良好的职业素养是企业必需的，是个人事业成功的基础，是大学生进入企业的“金钥匙”。

2. 大学生职业素养的构成

“素质冰山”理论认为，个体的素质就像水中漂浮的一座冰山，水上部分的知识、技能仅仅代表表层的特征，不能区分绩效优劣：水下部分的动机、特质、态度、责任心才是决定人的行为的关键因素，鉴别绩效优秀者和一般者。大学生的职业素养也可以看成是一座冰山：冰山浮在水面以上的只有 1/8，它代表大学生的形象、资质、知识、职业行为和职业技能等方面，是人们看得见的、显性的职业素养，这些可以通过各种学历证书、职业证书来证明，或者通过专业考试来验证。而冰山隐藏在水面以下的部分占整体的 7/8，它代表大学生的职业意识、职业道德、职业作风和职业态度等方面，是人们看不见的、隐性的职业素养。显性职业素养和隐性职业素养共同构成了所应具备的全部职业素养。由此可见，大部分的职业素养是人们看不见的，但正是这7/8的隐性职业素养决定、支撑着外在的显性职业素养，显性职业素养是隐性职业素养的外在表现。因此，职业素养的培养应该着眼于整座“冰山”，并以培养显性职业素养为基础，重点培养隐性职业素养。当然，这个培养过程不是学校、学生、企业哪一方能够单独完成的，而应该由三方共同协作，实现“三方共赢”。

3. 大学生职业素养的自我培养

作为职业素养培养主体的大学生，在大学期间应该学会自我培养。

首先，要培养职业意识。雷恩·吉尔森说：“一个人花在影响自己未来命运的工作选择上的精力，竟比花在购买穿了一年就会扔掉的衣服上的心思要少得多，这是一件多么奇怪的事情，尤其是当他未来的幸福和富足要全部依赖于这份工作时。”很多高中毕业生在跨进大学校门之时就认为已经完成了学习任务，可以在大学里尽情地“享受”了。这正是他们在就业时感到压力的根源。清华大学的樊富珉教授认为，中国有69%～80%的大学生对未来职业没有规划、就业时容易感到压力。中国社会调查所最近完成的一项在校大学生心理健康状况调查显示，75%的大学生认为压力主要来源于社会就业。50%的大学生对于自己毕业后的发展前途感到迷茫，没有目标；41.7%的大学生表示目前没考虑太多；只有8.3%的人对自己的未来有明确的目标并且充满信心。培养职业意识就是要对自己的未来有规划。因此，大学期间，每个大学生应明确我是一个什么样的人？我将来想做什么？我能做什么？环境能支持我做什么？着重解决一个问题，就是认识自己的个性特征，包括自己的气质、性格和能力，以及自己的个性倾向，包括兴趣、动机、需要、价值观等。据此来确定自己的个性是否与理想的职业相符；对自己的优势和不足有一个比较客观的认识，结合环境如市场需要、社会资源等确定自己的发展方向和行业选择范围，明确职业发展目标。

其次，配合学校的培养任务，完成知识、技能等显性职业素养的培养。职业行为和职业技能等显性职业素养比较容易通过教育和培训获得。学校的教学及各专业的培养方案是针对社会需要和专业需要所制订的。旨在使学生获得系统化的基础知识及专业知识，加强学生对专业的认知和知识的运用，并使学生获得学习能力、培养学习习惯。因此，大学生应该积极配合学校的培养计划，认真完成学习任务，尽可能利用学校的教育资源，包括教师、图书馆等获得知识和技能，作为将来职业需要的储备。

再次，有意识地培养职业道德、职业态度、职业作风等方面的隐性素养。隐性职业素养是大学生职业素养的核心内容。核心职业素养体现在很多方面，如独立性、责任心、敬业精神、团队意识、职业操守等。事实表明，很多大学生在这些方面存在不足。缺乏独立性、会抢风头、不愿下基层吃苦等表现容易断送大学生的前程，而喜欢抢风头的人被认为没有团队合作精神，用人单位也不喜欢。如今，很多大学生生长在“6 + 1”的独生子女家庭，因此在独立性、承担责任、与人分享等方面都不够好，相反他们爱出风头、容易受伤。因此，大学生应该有意识地在学校的学习和生活中主动培养独立性、学会分享、感恩、勇于承担责任，不要把错误和责任都归咎于他人。自己摔倒了不能怪路不好，要先检讨自己，承认自己的错误和不足。

大学生职业素养的自我培养应该加强自我修养，在思想、情操、意志、体魄等方面进行自我锻炼。同时，还要培养良好的心理素质，增强应对压力和挫折的能力，善于从逆境中寻找转机。

4. 员工必备的职业素养

(1) 像老板一样专注

作为一个一流的员工，不要只是停留在“为了工作而工作、单纯为了赚钱而工作”等层面上。而应该站在老板的立场上，用老板的标准来要求自己，像老板那样去专注工作，以实现自己的职场梦想与远大抱负！

以老板的心态对待工作；不做雇员，要做就做企业的主人；第一时间维护企业的形象。

（2）学会迅速适应环境

在就业形势越来越严峻、竞争越来越激烈的当今社会，不能够迅速去适应环境已经成了个人素质中的一块短板，这也是无法顺利工作的一种表现。相反，善于适应环境却是一种能力的象征，具备这种能力的人，手中也握有了一个可以纵横职场的筹码。

不适应者将被淘汰出局；善于适应是一种能力；适应有时不啻于一场严峻的考验；做职场中的“变色龙”。

（3）化工作压力为动力

压力，是工作中的一种常态，对待压力，不可回避，要以积极的态度去疏导、去化解，并将压力转化为自己前进的动力。人们最出色的工作往往是在高压的情况下做出的，思想上的压力，甚至肉体上的痛苦都可能成为取得巨大成就的兴奋剂。

别让压力毁了你；积极起来，还有什么压力不能化解；生机活力 PK 压力。

（4）表现自己

在职场中，默默无闻是一种缺乏竞争力的表现，而那些善于表现自己的员工，却能够获得更多的自我展示机会。那些善于表现自己的员工是最具竞争力的员工，他们往往能够迅速脱颖而出。

善于表现的人才有竞争力；把握一切能够表现自己的机会；善于表现而非刻意表现。

（5）低调做人，高调做事

工作中，学会低调做人，你将一次比一次稳健；善于高调做事，你将一次比一次优秀。在“低调做人”中修炼自己，在“高调做事”中展示自己，这种恰到好处的低调与高调，可以说是一种进可攻、退可守，看似平淡、实则高深的处世谋略。

低调做人，赢得好人缘；做事要适当高调，将军必起于卒伍。

（6）设立工作目标，按计划执行

在工作中，首先应该明确地了解自己想要什么，然后再去致力追求。一个人如果没有明确的目标，就像船没有罗盘一样。每一份富有成效的工作，都需要明确的目标去指引。缺乏明确目标的人，其工作必将庸庸碌碌。坚定而明确的目标是专注工作的一个重要原则。

目标是一道分水岭；工作前先把目标设定好；确立有效的工作目标；目标多了等于没有目标。

（7）做一个时间管理高手

时间对每一个职场人士都是公平的，每个人都拥有相同的时间，但是在同样的时间内，有人表现平平，有人则取得了卓著的工作业绩，造成这种反差的根源在于每个人对时间的管理与使用效率上是存在着巨大差别的。因此，要想在职场中具备不凡的竞争能力，应该先将自己培养成一个时间管理高手。

谁善于管理时间，谁就能赢；学会统筹安排；把你的手表调快 10 分钟。

（8）自动自发，主动就是提高效率

自动自发的员工，善于随时准备去把握机会，永远保持率先主动的精神，并展现超乎他人要求的工作表现，他们头脑中时刻灌输着“主动就是效率，主动、主动、再主动”的工作理念，同时他们也拥有“为了完成任务，能够打破一切常规”的魄力与判断力。显然，这类员工才能在职场中笑到最后。

不要只做老板交代的事；工作中没有“分外事”；不是“要我做”，而是“我要做”；想做“毛遂”就得自荐。

（9）服从第一

服从上级的指令是员工的天职，“无条件服从”是沃尔玛集团要求每一位员工都必须奉行的行为准则，强化员工对上司指派的任务都必须无条件地服从，在企业组织中，没有服从就没有一切，所谓的创造性、主观能动性等都在服从的基础上才能够产生。否则再好的企业构想也无从推广。那些懂得无条件服从的员工，才能得到企业的认可与重用。

像士兵那样去服从；不可擅自歪曲更改上级的决定；多从上级的角度去考虑问题。

(10) 勇于承担责任

德国大众汽车公司认为:“没有人能够想当然地‘保有’一份好工作，而要靠自己的责任感去争取一份好工作!”世界上也许没有哪个民族比得上德国人更有责任感了，而他们的企业首先强调的还是责任，他们认为没有比员工的责任心所产生的力量更能使企业具有竞争力的了。显然，那些具有强烈责任感的员工才能在职场中具备更强的竞争力!

工作就是一种责任;企业青睐具备强烈责任心的员工。

发生一件事，如果你喜欢它，那么享受它；不喜欢，那么避开它；避不开，那么改变它；改不了，那么接受它。改变观念，你就能接受它。

——佚名

情绪管理

有效理解自己的情绪

研究表明，比起那些没有清晰明确目标的人来说，那些设立了目标并制定了行动计划实现目标的人更加快乐和健康，赚的钱也更多，而且他们与家人也相处得更好。

所以，对待情绪，我们应该把自己的情绪作为一个对象加以思考；能够认识到情商在自己发展中的重要性；学会从不同角度来思考自己的情绪来源；学会情商与智商的区别；能够初步分析自己某种状态下的情商特征。

什么是情绪？喜、怒、忧、思、悲、恐、惊。什么是情绪？是一种体验；是与人的生理需要和社会需要是否得到满足的一种反映；情绪是人对反映内容的一种特殊态度，它具有独特的主观体验、外部表现并且总是伴有植物性神经系统的生理反映。

1. 压力来源

压力如何而来？如图 12-1 所示。

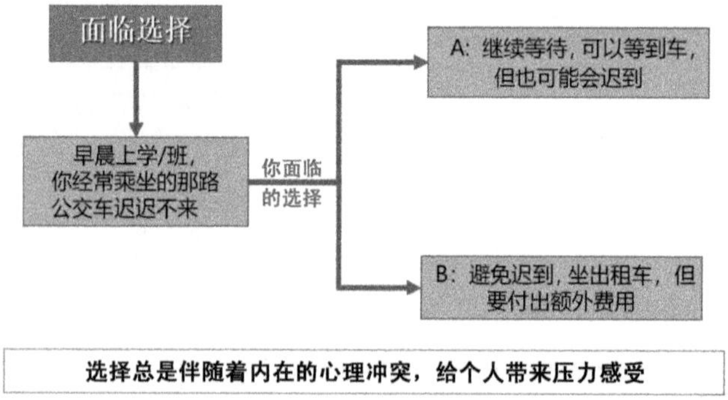

图 12-1　压力来源图示

2. 定义压力

（1）根据马斯洛需求层次理论，我们在每个层级都会有不同的压力。如图 12-2 所示。

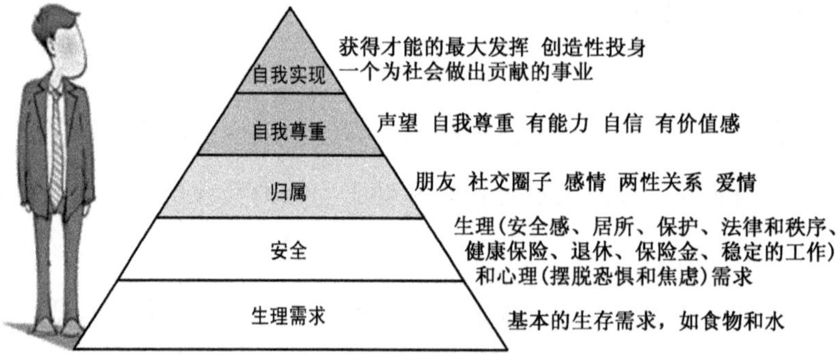

图 12-2　马斯洛需求层次与压力对应关系图示

（2）压力是环境要求你做出选择或改变时的个人感受。

（3）压力是对未知事件悲观解释的结果。

（4）压力是持续不断的精力消耗。不同压力事件对应的精力消耗如图 12-3 所示。

配偶死亡 100	家庭成员生病 44	工作中增加新责任 29	改换学校 20
离婚 73	妊娠 40	儿女离开家庭 29	业余时间改变 19
夫妇分居 65	性功能障碍 39	与岳父母或公婆闹矛盾 29	改变社会活动 18
坐牢 63	家庭填增人口 39	个人取得杰出成绩 28	借款或赊欠 500 元以下 17
直系亲属死亡 63	经济状况改变 38	妻子外出工作或停止工作 26	改变睡眠习惯 16
事故或发病 53	亲近朋友死亡 37	孩子上学或毕业 26	家庭成员互访 15
结婚 50	易地工作 36	个人习惯的改变 24	改变饮食习惯 15
过度操劳 47	与配偶争吵 35	工作中与上级不和 23	节日 13
复婚 45	借款在 500 元以上 31	改变工作条件 20	轻微触犯法律 11
退休 45	违法事件 30	改变住处 20	

注：每年≤300，超过 700 可能产生心脏病或抑郁症。

图 12-3　不同压力事件对应的精力消耗图示

3. 情绪压力的过程

一个人举起一个 80kg 的杠铃非常吃力，是什么给了他压力？

然后，给他一个 100kg 的杠铃让他举，他举之前感受到很大的压力，是什么给了他压力？

然后，同样一个 100kg 的杠铃让他举，告诉他如果能举起来将得到 1000 万元现金，他的压力有什么不同？

然后，给他一个 90kg 的杠铃让他举，告诉他如果能举起来将得到 8000 万元现金，但一旦举了而没有举起来，他将失去他的妻子和儿女，他的压力有什么不同？

有竞争就必然有压力，发展最快的地区，压力也最大。压力是无处不在、不可避免的，也是必要的。

4. 情绪的“力度”

一根火柴卖 5 分钱，却可以摧毁一栋价值 5000 万元的别墅。

要修养成被尊重的人格需经长时间被信任，但人格破产只需要做错一件事情。

关系破裂，任何歉意都无法弥补已造成的伤害。好像用钉子钉树，拔除钉子后伤口仍存在。

5. 情绪是可以积累的

（1）情绪是一种能量

情绪是一种可以积累的能量，我们的压抑并不会使它消失。反而有可能转变为其他的病痛表现出来，所以当我们身体不舒服时，也有可能是来自不良情绪的积累。

（2）疏导的作用

情绪压抑对当事人有很大的伤害，当不好的情绪在你的生命中反复出现时，就必须去疏通，疏通不掉就可能积累在我们的体内，随时发作。

（3）累积的原因

人的情绪其实就像洋葱一样一层一层的，外层不剥开，就看不到里层，很难知道下一层是什么，当我们很容易生气打孩子时，可能是自己幼年的情绪经验没有处理好。

什么是好的情绪管理能力？情绪管理就是指一个人在情绪方面的管理能力，可以对人的一生造成深远的影响。

6. 情绪智商（Emotional Quotient，EQ）

（1）EQ（情商）内涵。

自我觉察：察觉情感、正确的自我评价、自信、值得依赖和良知。

自我调控：自我控制、乐观、适应力。

情绪激励：主动、承诺、成就驱力、创新。

识别他人情绪：了解他人、服务导向、协助别人发展、善用多方面资源、政治敏感、影响力。

处理人际关系：沟通、冲突管理、领导力、建立关系、团队合作能力。

（2）EQ 二维（图 12-4）

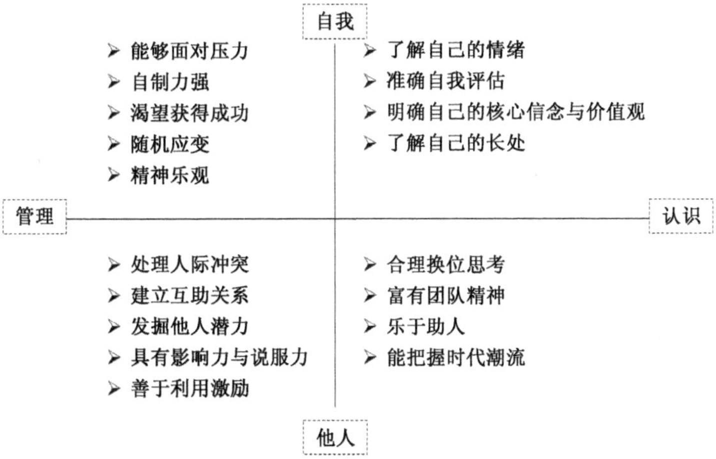

图 12-4　EQ 二维图示

（3）EQ 自评

尊重所有人的人权和人格尊严。

不将自己的价值观强加于他人。

对自己有清醒的认识，能承受压力。

自信而不自满。

人际关系良好，和朋友或同事能友好相处。

善于处理生活中遇到的各种问题。

认真对待每一件事情。

自我意识差。

无确定的目标，也不打算付诸实践。

严重依赖他人。

处理人际关系能力差。

应对焦虑能力差。

生活无序。

无责任感，爱抱怨。

判断一下：

（1）自己目前可能的主要消极情绪来源？______________________

（2）思考情商与智商的关系，并思考自己在情商应用与培养方面曾做过的努力？______________________

（3）测定自己目前的情商水平，并反思为什么是这样一个状态？

____

有效管理自己的情绪

送大家三个词：水曲流长，路曲通天，人曲顺达。

在一个组织里，最灵活的人是最有力量的人，情绪管理从觉察自己开始，要流露并感受自己的情绪。

情绪管理是从自己开始，先觉察自己的情绪模式，再开始找答案、找方法，你才有机会处理你未处理过的问题。

1. 客观地看自己

我们常常因为别人生气而陷入生气的情境，常常用别人的眼光来看待自己，自己不能肯定自己，因此没有办法做自己的主人，常常受制于别人。如果能体味自己的成长，感受自己的情绪过程，找出其中的模式就是情绪管理。我们越了解自己，就越能掌控自己。

2. 有意识地适应情绪变化

静坐、游泳、打禅等都是一些很好的觉察方法，能帮助我们对自己有较多的体会。其次，去体验我们所害怕或不喜欢的情绪，管理情绪就会有效。

应对情绪—主动策略：解决问题。

把压力视为一种动力，了解它，接受它，享受它所带来的张力。

真正解决压力之道是面对问题，把问题根本解决，而不是逃避问题及压力。要学会转移、升华、代偿、脱敏。

故事 泥土或星星

有一个美国青年军官接到调动命令，任命书上将他调派到一处接近沙漠边缘的基地。新婚的妻子跟着他离开都市生活前往。

该地夏天酷热难耐，风沙多且早晚温差变化大，更糟的是部落中的印第安人都不懂英语，连日常的沟通交流都有问题。

过了几个月，妻子实在是无法忍受这样的生活，于是写了封信给她的母亲，除了诉说生活的艰苦难熬外，信末说她准备回归繁华的都市生活。她的母亲回了封信跟她说："有两个囚犯，他们住同一间牢房，往同一个窗外看，一个看到泥巴，另一个则看到星星。"

从此后她改变了生活态度，积极地走进印第安人的生活里，学习他们的编织和烧陶，并迷上了印第安文化。她还认真地研读许多关于星象天文的书籍，几年后出版了几本关于星星的研究书籍，成了星象天文方面的专家。

3. 如何将压力转为动力？

你要学会推辞，确定实际可行的目标，委托他人办事，统筹兼顾，分清轻重缓急，寻求帮助，心胸开阔，寻找一个适合你的工作。

应对情绪——调节策略：舒缓压力。

如何舒缓压力？学着自我接纳、自我肯定；放轻松，如深呼吸；适当的休息可以让你更有充沛的精力去面对压力；健康与均衡的身心生活，帮助你面对压力；养成运动的好习惯；用心聆听音乐；祈求心灵的平静，如：祷告、冥想、放松等。

另外，要发展自己的减压系统。那些加压系统呢？

外在：运动、艺术、自然、朋友、导师。

内在：精神支持、心理习惯、接受、感恩、爱、服务。

应对情绪——认知策略：内在改变。

情绪管理总结：

第一，情绪无好坏，任何的情绪都是必要的，也是必然的，不是你觉得它不好它就不会出现。

第二，情绪越压抑，反作用力越大。如果情绪当时无法宣泄，就应该在事后处理，不要让负面情绪残留下来，当情绪该出来的时候没有出来，它就变成一个未完成的事件，这个未完成的事件就是我们生命这个圆的缺口。

第三，请用适合而安全的方式去纾解一些你受困的情绪，我们可以接受自己生气和落泪。在你感到想哭或想生气的时候，可以给自己营造一个机会、环境或空间，让自己在安全的情境下让情绪释放出来。

尝试着列举自己最常用的自我情绪管理方法，并说明这些方法的利弊，并举出自己身上发生的实例。

提高自己的情商力

如何提高？要学着通情、主动、灵活、界线、互惠。如果你想了解你过去的生活，那么看看你现在的环境就知道了；如果你想了解你未来的生活，那么就看看你目前采取了什么行动。

主动分析自己存在的问题，去发现问题。日常沟通效果如图 12-5 所示，所以我们有很多问题要去发现，从而修正。

1. 主动提升自己的情商指标

通情——情绪敏感性

杰克·汉德说："在你批评别人之前，你应该穿着他们的鞋子走上一英里。通过这个方法，在你批评他们之前，你已经在一英里之外，而且还拿着他们的鞋子。"

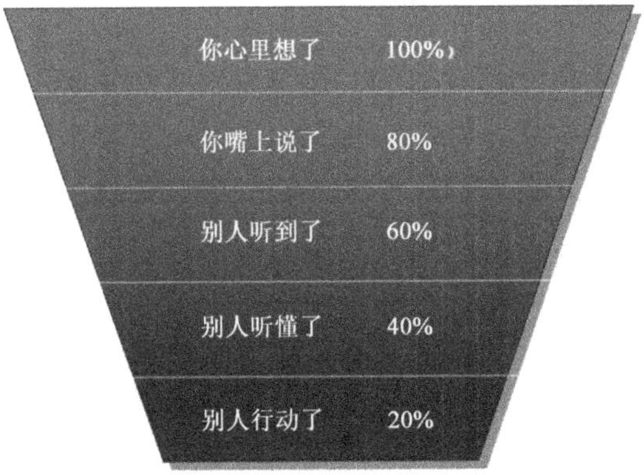

图 12-5 沟通的漏斗效应

2. 四种情商提升的方法

主动——自我负责力

生活是你采取行动或者不采取行动的结果。

灵活——角色转换力

俗语说，凡事必有至少三种处理办法。所以不妨多转换一下角色试试。

界线——有效把握力

情绪是人际关系接触的界面。

情绪的责任应该自己负：我们太容易去承接别人的情绪，把别人的情绪当成我的责任，最后很可能就是以吵架收场而两败俱伤。

给别人一个空间：当我们能做好情绪管理，学会为自己的情绪负责，也了解有时候别人的困难是因他自己的状况跟我们的原因。让别人用自己的方法去处理他的情绪，给别人一个空间。

做一个帮助者。能帮助别人的人有如下这些特点。

真诚：举止自然、襟怀坦白、一贯如一、自愿承担。

尊重：信任说话的人、全神贯注地倾听、保留你的评价和批评。相信而不做评价是在一种和谐的关系中建立信任和尊重的基本要求；我们帮助他人的关键是尊重和重视他人；同情：是分担或自觉理解他人的感情；当你用一根手指指向别人的时候，其余四根手指指向的是自己；当你伸出拇指赞美、肯定别人的同时，你将获得四倍的回报。

互惠——双赢达成性

快乐的四个层次。第一个层次：竞争式快乐。经由竞争来界定自己和个人的价值。第二个层次：条件式快乐。把快乐和特定的条件连接在一起，如：名声，身份地位，财富。第三个层次：自觉性的快乐。不需要外界的能量或刺激，就能感觉到快乐与祥和。欣然接受现状，不执著于结果。第四个层次：自觉性的快乐，至乐。处在至乐里，不论不舒适或愉悦，我们同样欣然接受。

我们不执著于结果，而能享受和体验充实的人生；我们对于沿途的幸福安适与种种经验充满了感恩的心，而能心平气和地对待他人和自己。

EQ 其实是一种沟通能力；一种体察能力；一种创新能力；一种问题解决能力；一种与人互动的能力；一种……

尝试一下：

提升自己的情商，你准备做些什么事情？________________

如何有效理解“界线”的意义？________________

与另外一个同学交流一下自己对通情的理解，以及当前社会通情的重要性。________________

列举自己生活中做过的互惠的事例，并思考自己还需要进一步提升的方面有哪些？________________

一个新的创意是非常脆弱的，它会被一个讥笑或一个哈欠扼杀；它会被嘲弄中伤致死；会由于一个人皱了一下眉头而胎死腹中。

——查利·布劳尔

创新能力

我们为什么要重视创新能力?

什么是创新?

1. 创新的内涵

创新不一定是绝对全新的东西，一些旧东西，融合新的元素，配以新的形式，也可以叫作创新。

创新是在继承的基础上寻求新颖、独特、有意义的发展策略。

“自我实现”的本质就是创新。

创新的制约因素：问题定义得太窄而限制了思考；针对症状，而不是真正的问题；假定只有一个正确的答案；被来到头脑里的第一个解法锁定了；让离题的信息分散了精力；由于暂时的失败而沮丧或萎靡不振；急于求成。

2. 创新的制约因素

(1) 惯性思维

Repeating the same behavior will repeat the same gets.

(重复旧的做法，只会得到旧的结果)

(2) 消极态度

笨鸟有四种选择：①笨鸟先飞；②笨鸟后飞；③笨鸟乱飞；④笨鸟不飞——惰性、忍性、从容不迫，然后下一个蛋，把希望寄托在下一代！

(3) 缺乏自信

“习得性无助”——放弃思考会如何创新？

(4) 缺乏灵活

天底下最最最低效的事情是什么？用最高的效率做错误的事情。

下面一起做一个小游戏：

图 13-1 展示了 A、B、C、D 四个部分。其中 A、B、C 的 1/4 的部分被涂成阴影。

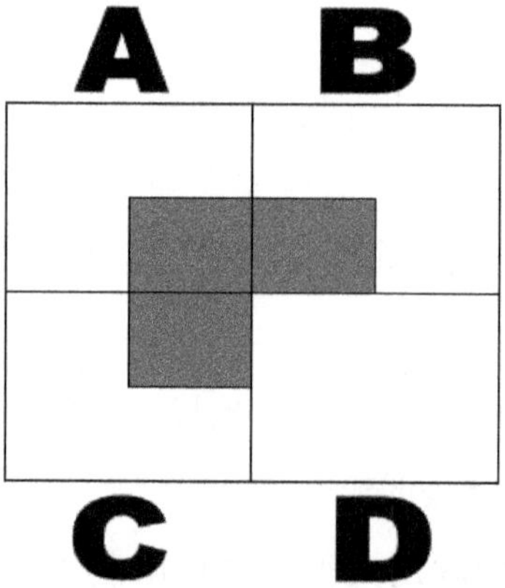

图 13-1　创新的制约因素游戏图

(1) 将“A”中未被阴影的部分平分成相同且面积相等的两部分。

(2) 将“B”中未被阴影的部分平分成相同且面积相等的三部分。

(3) 将“C”中未被阴影的部分平分成相同且面积相等的四部分。

(提示：答案不是三角形，你应该自己解决。)

(4) 将“D”中未被阴影的部分平分成相同且面积相等的七部分。

(提示：答案不是三角形。)

这个问题的世界记录是七秒钟。解决了吗？你还需要多长时间？

3. 创新的过程

创新是如何发轫并实现的？如图 13-2 所示。

图 13-2　创新过程逻辑图示

创新能力训练

做出重大发明创造的年轻人，大多是敢于向千年不变的戒规、定律挑战的人，他们做出了大师们认为不可能的事情来，让世人大吃一惊。

1. 创造性习惯

创造力是一种技术、天分，还是个性？答案是：三者都有。但是，不去培养自己的创造性习惯，那么它只能是一种天分。

把“吃螃蟹”当成一种习惯：①积极主动地观察的习惯；②灵活变通的思维习惯；③主动想象的习惯；④培养街头智慧（Street Smarts）的习惯；⑤建设性思考的习惯；⑥持续改进的习惯。

专家：就是做过大量练习的人。

无论哪个领域，普遍的看法是：只有经过 10 年左右持续努力，才有可能成为一名世界范围内顶级专家。我们不能把这一说法绝对化，但是不能否认其中的道理。

专家的内涵

研究发现，经历与经验不是一回事——日复一日地重复同一内容，并不能保证你会成为做得更好的专家。有效的练习，需要获得持续的反馈，把练习的经历转化为一个个成功的经验，并深刻记忆。专家需要获得成功的模式，而不是简单的重复。

专家成长：持续努力尝试；持续获得正向、正确的反馈，而不仅仅是批评；反思、记忆成功的经验；持续五年、十年……一个顶尖的专家诞生！

2. 跳出框架

杰克·韦尔奇说过："如果你想让火车再快10公里，只需要加些马力即可。但是如果你想让火车速度增加一倍，你就必须更换铁轨。"

3. 通情

通情又叫作换位思考、神入、共情。主要体现在情绪自控、换位思考等相关的方面。

4. 创造性停顿

这是一个非常简短的停顿，思考者在脑海里考虑，是否还有别的选择或者其他的做事方法。思考者有意愿对任何一个点都给予创造性关注。在顺畅的思考过程或者讨论过程中，很多事情都被当成理所当然的。而创造性停顿则促使思考者稍微抽出一点时间，停顿下来关注某个事物。

5. 创造性思维策略

发散思维、收敛思维、反向思维、直觉思维、想象思维、灵感思维、类比思维。

尝试一下：

（1）画四条或更少的直线（不让笔离开纸），让它们通过所有九个点：

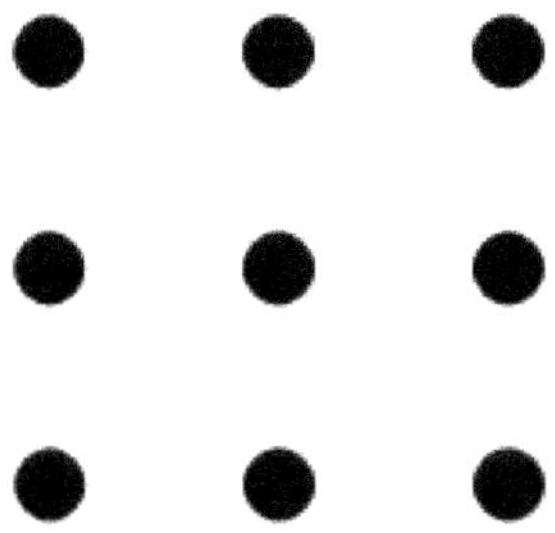

(2) 如果你完成了用四条直线连接，那么三条如何连续呢（条件一样）？

(3) 使用创新性的方法，如何处理好或者加强与同宿舍同学的关系？

有效问题解决

什么是问题？问题是怎么产生的？如图 13-3 所示。

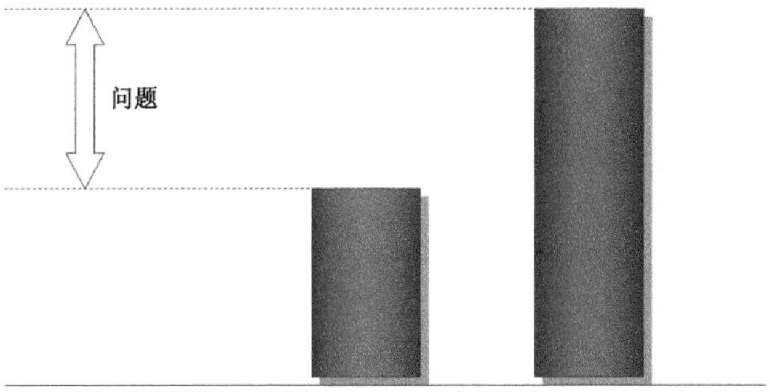

图 13-3　问题的产生图示

大问题指这种差异较大的状态，小问题指这种差异较小的状态。

重大、严重的问题指难以消除这种差异的问题。

简单、轻微的问题是指这种差异较易消除的问题。

1. 形成问题的结构

形成问题的结构是怎样的？如图 13-4 所示。

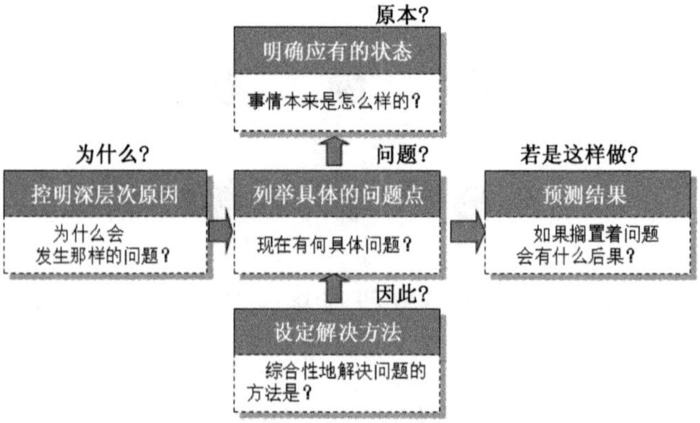

图 13-4　形成问题的结构图示

2. 头脑风暴

头脑风暴原则：

（1）要数量不要质量。

（2）排除批评，可以毫无顾忌地发表意见，若要批评应在会后进行。

提倡学术争鸣，畅所欲言，鼓励不受拘束的联想，见解越新越奇越好，提出的思想多多益善，以量为主。

（3）鼓励随心所欲地组合和改变他人的观点，或将几个人的见解综合为一个新的见解。

头脑风暴过程中最快的灭杀想法的就是这样的反馈：

不要干；太极端了；不是我们的工作；你们没有足够的时间；太麻烦了；与我们的政策抵触；我们以前没这么做过；我们以前已经这么做过了；花费太多了；不实际；这个问题明摆着是解决不了的……

除头脑风暴外，主要方法还有：六顶思考帽、鱼骨图分析法（因果图）和帕累托分析法。

下面介绍 2 种创造性解决问题的工具（表 13-1 和表 13-2）。

奥斯本检核表 表 13-1

能否他用？	现在的东西有没有其他用途？改进后能否扩大用途
能否借用？	是否有其他经验可以借用？模仿来的东西是否有可能？比如“液体高压砍树枪”
能否改变？	比如在意义、声音、味道、形状、式样、花色、品种等方面是否有可改变性？由电炉联想而发明的电热褥就是一个改变的创意。另外，太阳能计算器、磁性白板都是改变的创意
能否扩大？	能否扩大使用范围、增加功能、附加零部件、增加高度、强度、寿命等等。比如在牙膏是加入一些中药成分、电脑可以用来打电话、发传真等
能否缩小？	能否缩小规模，比如袖珍词典、口袋书、折叠伞、浓缩橙汁等
能否代用？	能否用其他材料、元件、原理、方法、结构、动力、结构、工艺、设备替代？比如以铁代铜，以塑代木，以光纤代电缆等等
能否调整？	能否调整布局、程序、日程、计划、规格、因果关系等。比如田忌赛马，使用安排不同的顺序而取胜。再比如 Seven-eleven，调整了营业时间以吸引用户
能否颠倒？	能否方向相反、变肯定为否定。变否定为肯定、位置颠倒、作用颠倒等。比如借用奥斯卡奖，凤凰卫视搞个了“闹斯卡”
能否组合？	思考能否把事物组合、原理组合、方案组合、材料组合、形状组合、功能组合。比如把炮、车、盾组合起来成了坦克

5W2H 法 表 13-2

为什么（Why）	目前这个创业方案不好的地方都有什么？
做什么（What）	这个创业的想法是否有可行性？商业模式是否清晰、可操作？所做的这个事情是否有用户需求？
何地（Where）	创业实践将在什么地方开展？互联网还是实体经营？
何时（When）	什么时机开始好呢？目前市场的需求是否到了一个最佳的切入点？
何人（Who）	将面对的客户是哪些人？这些人都有什么特点？
怎样（How to）	将以怎么样的方式来满足这些客户呢？
多少（How much）	提供客户的需求满足可能达到什么程度？如果进一步推进，还需要进一步做些什么事情？

思考

有一只猪 400 斤，一座桥承重 200 斤，猪怎么过桥？

猪是活猪，任何解决方案都不得切割猪；

故事发生在猪王国，不要引入人的因素；

是过桥，不是过河，不要说是游泳过去；

是过桥，不是过涧，不要说是飞过去；

桥是承重200斤的桥，把桥挪到平地上抑或过另一座承重超过400斤的桥都属改变性状；

不是文字游戏，不要说“猪晕过去了”。

创新解答1：

地球是圆的，反个方向走过去不就行了。

桥比猪短，猪没有全部站在桥上……

往猪身上多绑点氢气球。

从相对论来说，速度越快质量越轻，所以猪要过去就必须达到某个速度，也就是说跑过去：猪对地面产生的压力就为 $mg/2$（m =9.8 地表重力加速度）；$mg/2=2mv/r$，$v=(gr/2)\times0.5=0.7071$，第一宇宙速度 =7.9km/s。如果这头猪跑得够快的话，即它的速度超过7.9km/s，就可以安全过桥……

创新解答2：

是母猪，过桥前生了10只小猪，一只20斤，然后就能过去了。

喝减肥茶，减到200斤就过了。

过桥前给猪喂巴豆……

猪把体内注的水放掉就过去了。

……

想一下，还有哪些创新性解答？

尝试一下：

（1）试举例使用奥斯本检查表方法与5W2H法。

（2）头脑风暴在你的学习、生活中的应用情况如何？

管理的秘诀，就是沟通，沟通，再沟通！

——杰克·韦尔奇

有效沟通

沟通的本质

沟通是人们分享信息、思想和情感的任何过程。这种过程不仅包含口头语言和书面语言，也包含形体语言、个人习气和做事方式、物质环境——即赋予信息含义的任何东西。如图 14-1 所示。

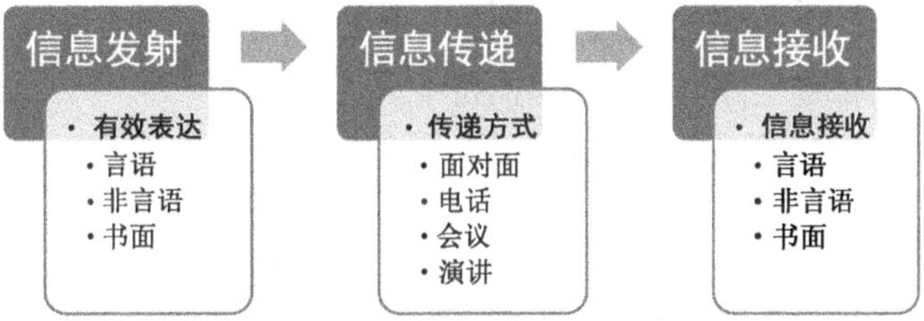

图 14-1　沟通的过程图示

1. 沟通的过程

乔哈里视窗（图 14-2）是一种关于沟通的技巧和理论，也被称为“自我意识的发现——反馈模型”，中国管理学实务中通常称之为沟通视窗。这个理论最初是由乔瑟夫和哈里在 20 世纪 50 年代提出的。视窗理论将人际沟通的信息比作一扇窗户，它被分为四个区域：开放区、隐秘区、盲目区、未知区，人的有效沟通就是这四个区域的有机融合。

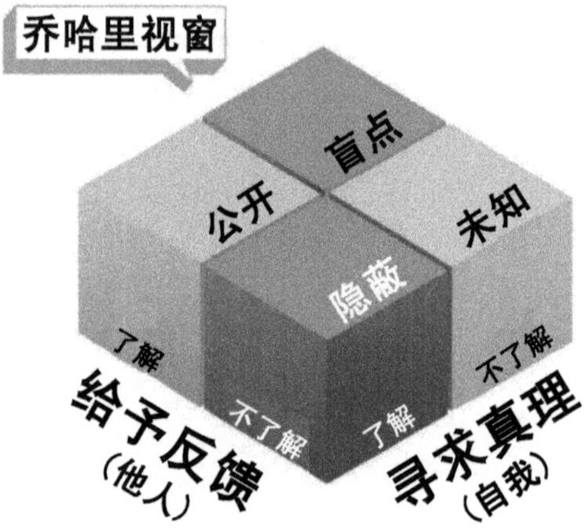

图 14-2　乔哈里视窗图示

2. 沟通的重要性

（1）沟通可以满足人的心灵需求。

（2）沟通是建立和谐人际关系的桥梁。

（3）沟通是有效决策的基础。

（4）沟通是取得理解与支持的法宝。

“炉边谈话”是罗斯福当选总统后一种联系群众的广播方式，就是一种非常好的沟通方式。想一想，查一查，还有哪些异曲同工的沟通方式？

积极倾听

专心倾听别人讲话的态度，是我们所能给予别人的最大赞美。

——戴尔·卡耐基

故事

天使的翅膀

有一位母亲把一个驼背的孩子带到家来玩。事先，这位母亲反复叮嘱自己的孩子，千万不要在新朋友面前提到他的生理缺陷，以免伤害他。那天下午，两个孩子玩儿得很高兴，当他们终于坐下来的时候，母亲听到自己的孩子问对方："你知道你背上那个东西是什么吗?"驼背的孩子支支吾吾，十分尴尬。母亲很紧张又很生气，很想出去把自己的孩子揍一顿，但她忍住了没有出声，她听见自己的孩子说："那是上帝为你造的一个小盒子，里面装着的是你的翅膀。时间一到，上帝会把盒子打开，你就会像天使一样飞起来。"（摘自《倾听时 停下来》）

启示：我们很容易在别人说半截话的时候就打断别人，以为自己已经明白别人的话了，而恰恰这时候我们产生了最大的误会，不但会影响沟通，而且可能还会伤害别人的情感。

倾听的作用：

获取重要信息；掩盖自身弱点；善听才能善言；激发对方谈话欲；发现说服对方的关键；获得友谊和信任。

让别人讨厌自己的秘诀：

永远别听他人的倾诉；滔滔不绝地谈你自己的事；时不时打断别人的话，改由自己来发表意见。

1. 倾听的层次

倾听大致可分为5个层次，如图14-3所示。

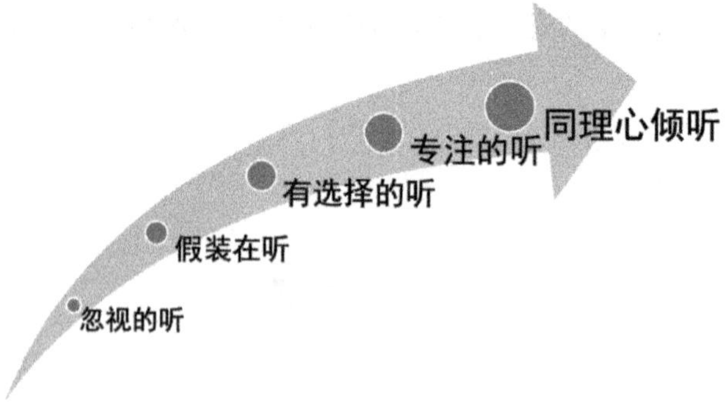

图14-3 倾听的层次图示

倾听者容易出现的问题：用心不专、急于发言、抗拒异议、心理定势、厌倦、不良习惯动作。

2. 倾听的技巧

语言沟通和非语言沟通在沟通效果中所占比重各不相同（图14-4），要注意听出非语言沟通所要表达的含义。

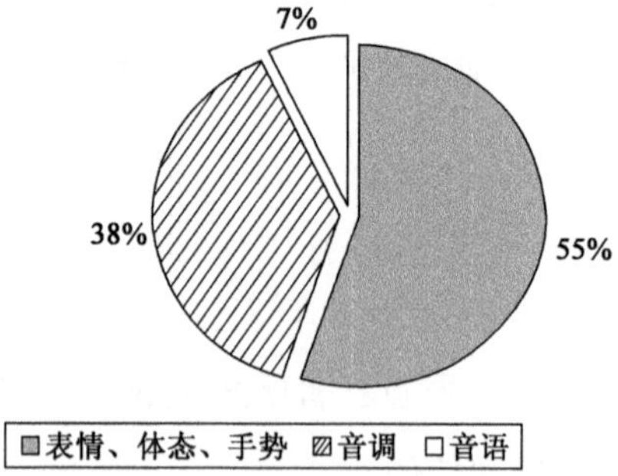

图14-4 语言与非语言沟通

（1）消除干扰

消除外在干扰和内在干扰。

（2）对方优先

让对方先说；非必要时，避免打断他人的谈话。

（3）注重观察

观察肢体语言；保持适当距离；注意暗示信息。非语言自有其要表达的含义，如表 14-1 所示。

非言语表述的含义 表 14-1

非言语表述	行为含义
手势	柔和的手势表示友好、商量、强硬的手势则意味着："我是对的，你必须听我的"。
脸部表情	微笑表示友善礼貌，皱眉表示怀疑和不满意
眼神姿态	盯着看意味着不礼貌，但也可能表示兴趣，寻求支持 双臂环抱表示防御，开会时独坐一隅意味着傲慢或不感兴趣
声音	演说时抑扬顿挫表明热情，突然停顿是为了造成悬念，吸引注意力

思考一下：

①在沟通中应该关注哪些非言语行为？______________________

②你如何提升你对非言语行为的知觉能力？____________________

非言语表述的含义如表 14-1 所示。

（4）听关键词

什么是关键词？所谓的关键词，指的是描绘具体事实的字眼，这些字眼透露出某些讯息，同时也显示出对方的兴趣和情绪。透过关键词，可以看出对方喜欢的话题，以及说话者对人的信任。

听关键词的作用：在谈话中加入对方所说过的关键内容。另外找出对方话中的关键词，也可以帮助我们决定如何响应对方的说法。我们只要在自己提出来的问题或感想中，加入对方所说过的关键内容，对方就可以感觉到你对他所说的话很感兴趣或者很关心。

（5）关注重点

要抓住主要意思，不要被个别枝节所吸引。

分清主次，抓住事实背后的主要意思，避免造成误解。

（6）鼓励他人

重复他人说话的内容；体会到对方的情绪；注重反馈；时常微笑。

（7）适时总结

小结时可以采用的句式：

如果我没理解错的话，你认为……

让我们来小结一下……

你好像……

你似乎……

你是不是觉得……

（8）理解他人

如果我们无法接受说话者的观点，那我们可能会错过很多机会，而且无法和对方建立融洽的关系。

3. 有效沟通者的誓言

无论我是否同意你的观点，我都将尊重你，给予你说出它的权力，并且以你的观点去理解它，同时将我的观点更有效的与你交换。

课堂游戏　撕　纸

第一轮

每个组员发一张 A4 纸；

整个活动中，组员不允许问任何问题；

请所有组员闭上眼睛。

第二轮

重复上述活动指示，唯一不同的是这次组员可以自由发问问题。

撕纸

人数：10 ~ 12 人最为合适。

年龄：不限。

场地：可活动桌椅教室。

活动目的：说明在日常生活中，如果经常用单向沟通方法，接受者往往只会按照自己的理解而行，最终会导致事情的发展和实际要求出现很大的差异。而使用双向沟通之后，差异虽然大大减少，但是依然存在，这是组员认识到还有其他影响沟通的因素存在。

活动介绍：

第一部分

每个组员发一张A4纸，工作人员简介活动如下：

整个活动中，组员不允许问任何问题；请所有组员闭上眼睛；

请把纸张对折，把右上角撕下来；在对折，私下纸的左下角；再对折，撕下纸的左上角；睁开眼睛，把纸张打开。

第二部分

工作人员可以请一位组员重复上述活动指示，唯一不同的是这次组员可以自由提问。

问题讨论：

完成第一部分后，可问：为什么有这样的差异？

完成第二部分后，可问：已经运用了双向沟通，为什么有这样的差异？

4. 善于提问

要了解对方的真实想法，首先要学会提问，通过提问去获得自己想知道的事情。一个好的问题使人乐于回答，而愚蠢的问题会使人感到好笑甚至反感。在沟通中，有效提问是倾听的前提。

问题的类型：

封闭式问题，也就是那些可以用简单事实来回答的问题。

例如：你喜欢你的工作吗？你是哪所学校毕业的？

开放性问题，也就是那些不能简单用“是”“否”来回答的问题。

例如：你喜欢你工作的哪些方面？你的老板怎么样？你最近遇到了什么问题？

如何用提问促进沟通?

避免无用的问题；少使用封闭式问题；尽量少用“为什么”来提问；“引导性问题”和“多重问题”；可以用一些中立性的、不具挑战性的问题；使用探索性问题；用问话帮助交谈者澄清不够明确的表达；避免使提问变成类似于审讯。

试想一下：

什么是积极倾听？如何做到积极倾听？如何做到有效提问？

有效表达

喜欢闲言碎语的人跟我们讨论别人；乏味的人跟我们讨论他们自己；有趣的人跟我们讨论我们自身。

——克里斯·科尔

非言语表达的重要性：非言语表达在交际的信息传递中到底起到多大作用呢？研究发现，高达93%。

如何进行有效的非言语表达？目光接触、姿势与动作、脸部表情、衣着与仪表、声音与语气。

1. “一致”技巧

课堂游戏

肢体语言

参与人数：2人1组　　**时间**：10分钟

游戏规则和程序：

将学员们分为2人一组，让他们进行2～3分钟的交流，交谈的内容不限。

请学员们彼此说一下对方有什么非语言表现，包括肢体语言或者表情，比如有人老爱眨眼，有人会不时地撩一下自己的头发。问这些做出无意识动作的人是否注意到了这些行为。

继续讨论2～3分钟，但这次注意不要有任何肢体语言，看看与前次有什么不同。

相关讨论：

(1) 在第一次交谈中，有多少人注意到了自己的肢体语言？

(2) 对方有没有什么动作或表情让你觉得极不舒服，你是否告诉了他你的这种情绪？

(3) 当你不能用你的动作或表情辅助你的谈话时，有什么样的感觉？是否会觉得很不舒服？

(4) 总结。

启示：没有肢体语言的帮助，一个人说话会变得很拘谨，但是过多或不合适的肢体语言也会让你这个人让人望而生厌，自然、自信的身体语言会帮助我们的沟通更加自如。

2. 非言语表达SOFTEN法则

Smile（微笑）、Open（张开的双臂）、Forward（身子前倾）、Touch（接触）、Eye（眼神交流）、Nod（点头）。

我们应该尽力培养出一种能力，让别人能够进入我们的脑海和心灵，能够在别人面前、在人群当中、在大众之前清晰地把自己的思想和意念传递给别人。

如何提高我们的语言表达能力？

克服说话时的紧张情绪，积极大胆与别人说话。平时多积累一些你擅长的话题，避免不擅长或不感兴趣的话题。增加自己的幽默。学会站在别人的角度。

想一想：

(1) 非言语表达要注意哪些问题？________________________

(2) 如何提高我们的语言表达能力？______________________

如果让我重进大学，我将修好两门课：演讲和说服。

——尼克松

自信演讲

我们为什么要学演讲？

演讲的准备

1. 演讲目标的确定

每个演讲都需要三个要素：标题、主题和目标。

（1）标题要简洁新颖，开场要惊艳。

克拉伦斯·达罗说："除非能立即调动起听众的兴趣，否则演讲必定失败。"

（2）课堂演讲的主题选择：你熟悉的话题，你想进一步了解的话题。

正式演讲的主题选择：从听众需求和自身的能力找契合点，话题是演讲者渴望倾述的，演讲的内容要超越听众，但能理解。

（3）演讲的目标指的是你希望在听众脑海里留下的内容以及听完讲话后他们会采取的行动。

演讲目标的类型：告知、指导、娱乐、激励、刺激、说服。

演讲的开场部分有四个目标：唤醒听众的注意并引发听众的兴趣；阐明演讲主题；建立可信度和好感；介绍演讲主题内容。

引起听众的注意的方法：

使主题与听众产生关联；说明主题的重要性；让听众震惊；用名人的话开头；用小故事开头；展示物品；从有共同语言的地方开头；用时事开头；用发人深省的提问开头；幽默开头。；高潮迭起。

2. 演讲中间部分注意的问题

使你的论点得到充分的支持，不断创造“哇哦!”的效果。

（1）要点的个数

一般来说一次演讲有 2 ~ 3 个要点，要点多了，听众就不容易把握。如果要点比较多，一个方法就是对他们进行归类，缩减到 3 个以内。

（2）确定要点的方法——头脑风暴

敞开思想，使各种设想在相互碰撞中激起脑海的创造性风暴。演讲者可以通过头脑风暴迅速产生与主题相关的诸多想法，然后再从中挑选关键点，调整结构，进而从中形成要点。

（3）在安排要点时的注意事项

要点之间相互独立且完整；要点的措辞前后一致；要点之间要保持平衡。

3. 控制现场

一是自控，即演讲者的自我调控；二是控场，即对全场听众的调控。

当众发言是 10 种人类最担忧的恐惧之一。所以，紧张怯场是正常的。那么怎么进行心理调控？

（1）自控方面

首先要认识到怯场是一种正常的生理和心理现象。少许的恐惧是有利的，可以加强临场感和说服力。

其次，加强自信心。上台之前深呼吸，对自己说我是最棒的，并想象自己做好演讲后听众热烈的场面。把听众当作喜欢你的朋友，你是和一个朋友在分享你的思想。

第三，上台之后，放眼全场忽略听众的各种表情、各种举动，只在听众中造成一种交流感，实际上场内的一切，什么也没看见。

第四，开头讲点具体的、生动的、有趣的事。

第五，提升自己积极的情绪，增加感染力。

还要注意，疲惫和缺乏睡眠会极大地影响演讲时的激情，很难提升自己的正向情绪。

（2）控场方面

首先，演讲要影响听众，首先必须“控制”听众，使听众跟随着演讲的内容和情感而起伏跌宕。

其次，控场最根本的三个方面在于兴趣调控、激发情感和以理服人。

第三，激发情感。在演讲中要非常注重融入情感。情感一旦被激发，可以调动在场的观众的情绪，从而使你的演讲富有影响力。比如马丁·路德·金的演讲《我有一个梦想》。

第四，完美谢幕。“余音绕梁，三日不绝”是演讲结尾追求的最佳效果。当一个演讲接近尾声时，你可能感到十分疲惫，特别想尽快结束这个演讲，而这时候正是回答听众提问的环节，所以你倾向匆匆回答提问，早点结束。但千万不要这样做。一个结尾对听众留下的印象，比一个开头的印象更加深刻。所以要慎重对待演讲的结尾。

你要注意以下几点：

①事先为结尾设计好内容。结尾要清晰、简洁、具有说服力；但是纯粹文字的内容会显得枯燥无趣。适当添加一些栩栩如生的图画，会产生引人注目的效果。

②预先练习，掌握时间；常常有人说没有时间结尾了。这恐怕是演讲者的通病，不知道自己会讲多长时间，准备好的结尾因时间限制而不能用，只

能仓促收尾。所以预先多次的练习，掌握时间节奏是必须的。

3. 结尾

结尾的几种方式：总结观点，幽默式结尾，号召采取行动。

完美展示

我们最好的思想，最深厚的感情，只能被最美妙的语言表达出来。若是表达不出，谁能知道那思想与感情是怎样的好呢？这是无可分离的、统一的东西。

——老舍

演讲要做到完美展示，需要注意以下三点：

1. 演讲语言的准确性

思想要明确，具备丰富的词汇量，注意词语的感情色彩。

2. 演讲语言的简洁性

以最少的语言表达出最多的内容。要做到语言的简洁，必须对于自己要讲的思想内容经过认真的思考，弄清道理，抓住要点，明确中心。如果事前把这些搞清楚了，在演讲时至少不至于拖泥带水，紊乱芜杂。还要注意文字的锤炼和推敲，并做到精益求精，言简意赅。

3. 演讲语言的通俗性

口语化、个性化、生动感人、幽默风趣。

非语言技巧

非语言技巧：姿势、面部表情、手势和视觉接触，所有这些都会影响到听众对演讲人的反应。

注意个人外表、身体动作、手势、视觉接触。

演讲训练

找一段近期比较出名的演讲，指出他的演讲有哪些言语技巧和非言语技巧使用得比较好。

说明性演讲

用简洁的话说明道理比用复杂的话说明道理要高明。

——赵启正

说明性演讲是针对一个事物、理论或概念的讲解，其目的是知识和信息的传递和理解。

1. 说明性演讲的三个基本标准

信息是否得以准确交流？

信息是否得以清晰交流？

信息是否对听众有意义？

2. 说明性演讲的类型

关于实物的演讲、关于过程的演讲、关于事件的演讲、关于概念的演讲等，大家找一找说明性演讲的例子吧！

3. 说明性演讲的注意事项

材料内容要新，不要高估听众的知识水平，让话题与听众直接产生联系，不要太专业化或太抽象，让你的想法富有个性，重复强调演讲主旨。

说服性演讲

一人之辩，重于九鼎之宝；三寸之舌，强于百万之师。

——刘勰《文心雕龙·论说》

1. 说服性演讲中要注意的几个问题

要注重演讲的真实性和可信性。

根据不同听众的信仰和价值观的情况，来调整自己的演讲具体安排。

要学会处理听众反馈的信息。

将听众进行区分，找到“目标听众”。

2. 怎样说服

建立信任。

掌握丰富可信的事实证据，拿出权威数字。

寻找沟通点，以大同求小同。

合理地从事实出发进行推导以得出结论。

3. 说服性演讲的基本结构

开场白。

准备一个对目标的陈述，解释演讲的目的。

正文，拿出证据来说服他们同意你的观点。

准备一个总结。

准备一个让人印象深刻的结尾。

即兴演讲

临行而思，临言而择。

——王安石

1. 什么是即兴演讲？

即兴演讲，是指事先没有准备，没有现成讲稿，就眼前的场面、情境、事物、人物即席发表的演讲。即兴演讲是一种展示口才魅力，展现演讲者气质和风采、全面展示演讲者知识和心理素质的一种演讲形式。

2. 即兴演讲者应具备的能力

广度和深度、组织综合能力、现场表达技巧、应变能力以及材料的快速组合能力。

3. 即兴演讲的技巧

选准话题、组合材料、以情夺人、生动活泼、短小精悍、逆向思维。

课堂游戏 即兴演讲

将学员分成3人一组。让每组中的一名学员A站起来，讲述发生在自己身上的一件往事，时间3分钟。另外两名学员坐着听，如果他们觉得自己被A的故事打动了，就可以站起来，否则就一直坐着听。A的目的是，在3分钟内用自己的故事让两名听众站起来。

3分钟结束后，互相看一看，哪些组两名听众都站起来了，哪些组一名听众也没站起来。培训师引导大家讨论，讲述者的哪些地方打动了听众，是故事、是眼神，还是别的什么？

人无礼则不生，事无礼则不成，国家无礼则不宁。

——《荀子·修身》

职场礼仪

职业礼仪这一部分，非常重要。个人形象礼仪包括：仪容和着装两个方面。见面礼仪主要包括称呼与介绍、握手礼仪、名片礼仪等。日常办公礼仪主要包括办公室礼仪和电话礼仪。商务交往礼仪主要包括楼梯礼仪、餐饮礼仪和礼品馈赠礼仪三部分。

礼仪概述

己所不欲，勿施于人。

1. 什么是礼仪？

礼仪是一门综合性较强的行为科学，是指在人际交往中，自始至终地以一定的、约定俗成的程序和方式来表现的律己、敬人的完整行为。

礼仪一词由“礼”和“仪”两字组合而成，既包含礼貌、礼节的表达，又包含程序、规范的遵守。

2. 礼仪的核心

尊重，是礼仪的核心。你希望别人怎样对待你，那你就应该首先那样去对待别人。

尊重他人——“3A 原则”

Acceptance（接受）：对别人的价值观、宗教信仰，甚至是性取向，需要有一个尊重的态度。

Attention（重视）：在和他人的交往中，要把对方放在更为重要的位置上。

Admiration（赞美）：交往中肯定对方的优点，赞美对方，能够使人际关系更融洽。

3. 职业礼仪

职业礼仪是人们在职业生活和商务活动中要遵循的礼节，是在职业生活和商务活动中对人的仪容仪表和言谈举止的普遍要求。

职业礼仪包含一系列约定俗成的行为规范，具体可分为个人形象礼仪、日常交际礼仪、办公礼仪、商务活动礼仪等。

4. 职业礼仪的基本规则

约定俗成。

有序性。

客随主便和主随客意。

5. 礼仪

仪容：面部、发型。

仪表：着装。

仪态：站、坐、行。

仪柬：开 Party 请柬，送礼物、名片请柬仪礼：进会场关机。

6. 社交中的“黄金原则”

谦恭微笑、帮助他人、记住名字、容忍理解。

7. 印象管理

印象管理是指一个人通过一定的方式影响别人形成对自己的印象的过程。

印象管理中的几个注意事项：

记住人名和面孔；把握最初 7 秒钟；发挥自己的长处；保持本色，不卑不亢；善用眼神、目光；多听少说，先听再行；集中精神，积极热情；态度肯定，始终如一；放松心情，平常心态；不信口开河、虚张声势。

对照一下自己，在印象管理方面你有哪些需要提升？________________

个人形象礼仪

仪容仪表，是一张无字却无比重要的名片，是人与人交往的基础。

1. 仪容礼仪

仪容指人的外部容貌，由面容、发型以及身体未被服饰遮盖的肌肤组成。

整洁端正的仪容仪表一方面体现了个人的良好修养，另一方面也表达了对他人的尊重和礼貌。在人际交往和商务活动中，能够给他人留下良好的印象，获得他人的信赖。

仪容礼仪的总体要求是整洁。对于不同性别，在仪容礼仪上略有差异。

(1) 仪容礼仪——男士

头发是否干净，无头屑？

头发是否梳理整齐？

是否染了彩发？

头发的长度是否合适？

牙齿是否刷过？饭后是否漱口或用了口香糖？

口中是否有烟、酒、葱、蒜等异味？

身上是否有汗味或其他异味？

指甲是否齐整、干净？

胡须是否刮干净了？如果蓄须，是否干净？

鼻毛是否修干净了？

（2）仪容礼仪——女士

头发是否干净，无头屑？

头发是否梳理整齐？

是否染了彩发？

发型和发饰是否过于特别？

牙齿是否刷过？饭后是否漱口或用了口香糖？

口中是否有烟、酒、葱、蒜等异味？

身上是否有汗味或其他异味？

指甲是否齐整、干净？

是否涂了鲜艳或另类的甲彩？

香水是否喷得过浓？

2. 着装礼仪

着装可以称为一门艺术。个体的着装可以看作一种无声的语言，反映出一个人的文化修养和审美情趣。在职业礼仪中，对着装的基本要求是整洁、得体、端庄、和谐。

（1）TPO 原则

T（Time，时间）：指穿着要符合一天中的早晚时间、一年中的四季变化和社会时代的潮流。

P（Place，地点）：指穿着要符合自己所处的地点和环境，“因地制宜”。通常可以把人们所处的环境分为公务、社交和休闲三种，在每种环境中，要选择与该环境相符的服饰。

O（Objective，目的）：指穿着要适合自己，并符合自己希望给别人留下的印象。

（2）着装礼仪——男士

着装原则：三色原则和三一定律。

①西服套装。

拆除商标、熨烫平整、正确系扣、避免卷挽、巧配内衣、少装东西、慎穿毛衫。

②衬衣。

和西装一起穿的衬衫，要求是单一色彩的长袖衬衫，白色衬衫最好。另外，蓝色、灰色、棕色、黑色也可以考虑；衬衫上最好没有任何图案。

衬衫和西装配套的时候要注意：系上衣扣、收好下摆、大小合身。

③领带。

领带的选择也很重要。要避免选颜色太浅的领带。

深色西服可以配颜色比较华丽的领带；淡色的西服，领带也要相应素雅一些；如果衬衫的色调强、花纹多，领带也可以相对素雅。

带结打得挺括、端正，并且在外观上呈倒三角形。

下端正好能碰到腰带扣。

④袜子。

深色为宜，颜色不浅于裤子；袜子的长度不过短，保证身体坐下后不会露出小腿。

⑤鞋。

注意使你鞋面保持锃亮；鞋跟要结实；系带的皮鞋鞋带要系紧；切勿把黑鞋与棕色西装搭配。

(3) 着装礼仪——女士

女装总体原则：合身因素、环境因素、个性因素、流行因素、质地款式、色彩处理、完善细节、追求完美。

服装款式质地：

女士求职服装一般以西装，套裙为宜。一套在正式场合穿着的套裙，应该由高档面料缝制，上衣和裙子要采用同一质地、同一色彩的素色面料。

色彩方面：

以冷色调为主，应当清新、雅气而凝重，以体现着装者的典雅、端庄和稳重。藏青、炭黑、茶褐、土黄、紫红等稍冷一些的色彩都可以。

①套裙。

大小适度：上衣注重平整、挺括、贴身，较少使用饰物和花边进行点缀，上衣最短可以齐腰。

裙子要以窄裙为主。并且裙长要到膝或者过膝，一般认为裙短不雅，裙长无神。最理想的裙长，是裙子的下摆恰好抵达小腿肚子最丰满的地方。裙子最长可以达到小腿中部。

上衣的袖长要盖住手腕。

着装认真：

要穿得端端正正。衣扣一律全部系上。不允许部分或全部解开。

②鞋子。

总的原则是应和整体相协调，在颜色和款式上与服装相配。

中跟鞋。面试时，不要穿长而尖的高跟鞋，中跟鞋是最佳选择，既结实又能体现职业女性的尊严。鞋子应该是高跟、半高跟的船式皮鞋或盖式皮鞋。

如是靴子，应该注意裙子的下摆要长于靴端。

③袜子。

在商务场合决不能露着光腿。

时装设计师们都认为，肉色作为商界着装是最适合的。

袜子不能有脱丝。

④饰物。

公文包或手提小包、帽子、首饰、眼镜、围巾、丝巾。

自评一下你的仪容礼仪和着装礼仪是否恰当，看看你需要做哪些改善。

见面礼仪

博学于文，约之以礼。

1. 称呼

在职业场合，知道对方的职位和职业，可以根据行政职务、技术职称、学位、职业来称呼。如：陈总、吴局长、王教授、刘工、陈博士、曹律师、龚医生。

如果不清楚对方的职位和职业，根据国际惯例：称男性为先生，称未婚女性为小姐，称已婚女性为女士、夫人和太太。

2. 自我介绍

自我介绍需要在不妨碍他人工作和交际的情况下进行。

自我介绍时，通常要先向对方问好或点头致意，此时对方一般就会将注意力转向你，然后你需要表达清楚自己的姓名、身份和学校（单位）。

如果对方流露出感兴趣和进一步了解的愿望，可以再简要介绍一些相关情况，比如毕业的学校、专业、来访原因、与某人的关系等。

自我介绍应该语气自然、语音清晰、简明扼要，在时间上以半分钟左右为宜，最好不要超过一分钟。

3. 介绍他人

顺序：把职位低者、晚辈、男士、未婚者分别介绍给职位高者、长辈、女士和已婚者。在商务中，还要注意客户优先，先为客户介绍己方的人员，比如“张先生，这是我们公司的总裁李晓东。”

称呼：使用国际惯例敬语（姓名和职位）。如：王小姐，请允许我向您介绍王浩总监。

手势：介绍时不可用单指指人，而应掌心朝上，拇指微微张开，指尖向上。

问候：被介绍者应面向对方。介绍完毕后与对方握手问候，如：您好！很高兴认识您！

忌讳：避免对某个人特别是女性的过分赞扬。

起立：坐着时，除职位高者、长辈和女士外，应起立。但在会议、宴会进行中不必起立，被介绍人只要微笑点头示意即可。

4. 握手

握手，是交际的一个部分。握手的力量、姿势与时间的长短往往能够表达出握手对对方的不同礼遇与态度，显露自己的个性，给人留下不同印象，也可通过握手了解对方的个性，从而赢得交际的主动。

（1）握手的场合

遇到较长时间没见面的熟人；在比较正式的场合和认识的人道别；在以本人作为东道主的社交场合，迎接或送别来访者时；拜访他人后，在辞行的时候；被介绍给不认识的人时；在社交场合，偶然遇上亲朋故旧或上司的时候；别人给予你一定的支持、鼓励或帮助时；表示感谢、恭喜、祝贺时；对别人表示理解、支持、肯定时；得知别人患病、失恋、失业、降职或遭受其他挫折时；向别人赠送礼品或颁发奖品时。

（2）握手的要求

一步距离、面带微笑、目光接触、上身前倾、伸出右手、四指并拢、虎口相对、力度七分、上下三下。

（3）握手的顺序

相互握手谁先伸手？

长辈、晚辈，长辈先伸手；上级和下级，上级先伸手；男士和女士，女士先伸手；主人、客人，主人先伸手。

和多人握手如何把握？比你位卑者、年轻者或下级抢先伸手时，你怎么办？依照以上原则类推。

5. 名片

名片是工作过程中重要的社交工具之一。

我们使用的名片通常包含两个方面的意义：标明你所在的单位；表明你的职务、姓名及承担的责任。

名片上的电话一般是办公电话，不给私宅号码；名片上头衔不要太多。

（1）名片的准备

衬衣左侧口袋或西装的内侧口袋或可使用名片夹。

注意：不要将名片放在裤袋里；名片不要和钱包、笔记本等放在一起；会客前检查和确认名片夹内是否有足够的名片。

（2）递名片

①顺序。

递名片的次序是由下级或访问方先递名片，如是介绍时，应由先被介绍方递名片。

在会议室如遇到多数人相互交换名片时，可按对方座次排列递名片。

②姿势。

右手的拇指、食指和中指合拢，夹着名片的右下部分，使对方好接拿，以弧状的方式递交于对方的胸前。

互换名片时，应用右手拿着自己的名片，用左手接对方的名片后，用双手托住。

在递名片时，你可以说些“请多关照”、“请多指教”之类的寒暄语。

（3）接受名片

接受他人的名片时，应起身站立，用双手接过对方名片，并同时致谢，比如“谢谢”“很荣幸”。

接过名片后，需当着对方的面认真看一遍名片上的文字，并将对方的名字念一遍。遇到生僻字时，直接向对方请教。这样做的目的是之后的会谈和交往中，你可以准确地称呼对方。

通读名片后，应郑重其事地将对方的名片放入自己的名片夹中。不要将对方的名片遗忘在座位上，或存放时不注意落在地上。

(4) 名片礼仪误区

无意识地摆弄对方的名片。

把对方名片放入裤兜里。

当场在对方名片上做标记或写备忘事情。

先于上司向客人递交名片。

试着练习一下吧。找几个朋友，帮你练习自我介绍、介绍他人、握手和递接名片。

办公礼仪

1. 办公室礼仪

办公室礼仪是指在办公场所中人们需要遵循的礼仪规范。

(1) 在你的办公室

早到 5 ~ 10 分钟

如果迟到……

打招呼

第一个到……

临时有事出去……

离开前……

(2) 在别人的办公室

进去之前……

如果他（她）正忙……

同事的物品……

勿停留过久……

离开时……

2. 电话礼仪

在日常工作中，使用电话的语言很关键，它直接影响着一个公司的声誉；在日常生活中，我们通过电话也能粗略判断对方的人品、性格。因而，掌握正确的、礼貌待人的打电话方法是非常必要的。电话礼仪主要包括接听电话和拨打电话两个方面。

练习 **接听电话和拨打电话**

尝试着与你的同学、朋友一起，做模拟商务电话拨打和接听的练习。

交往礼仪

生活里最重要的是有礼貌，它比最高的智慧，比一切学识都重要。

——赫尔岑

1. 楼梯礼仪

(1) 使用楼梯和自动扶梯

与客人一起上楼梯时……与客人一起下楼梯时……。

在使用楼梯和自动扶梯时应按先来后到的顺序。有时候并肩走也是可以的。

在自动扶梯上，不要和你前面的人靠得太近。

如果自动扶梯较宽，应靠右侧站，让出左侧。

靠右侧走。

在楼梯上催促他人是危险而不礼貌的。

遇到特殊人群……。

（2）使用电梯

人多不要强行挤入。

要遵循先出后进的原则。

走进电梯后，应该给别人让地方。先上的人……，其他人……，最后上的人站在……。应该让残疾人站在……，当他们上下电梯时……。

引导客人乘坐电梯时，接待人员应……进入电梯，等客人进入后关闭电梯门；到达时由接待人员按开电梯门，让客人……走出电梯门。

如果你够不着所在楼层的指示键……。

在电梯里面不要大声谈论有争议的问题或有关个人的话题。

2. 餐饮礼仪

在古今中外，商务宴请都是常见的商业情境。无论是庆功、致谢、会谈，还是联络感情，当人们坐在餐桌后，轻松愉快的用餐状态都更有助于人们达成共识。掌握餐饮礼仪，是提高社交礼仪修养的一个重要方面。中、西餐礼仪繁复，建议大家查找资料专门学习一下。

3. 礼品馈赠礼仪

人多的场合如何赠送礼品选择礼品要考虑赠礼的对象、礼品的包装、赠礼的时机、赠礼的方式等。

4. 仪态

（1）站姿：头正、目平视、嘴微闭、收颌、表情自然；肩平、臂垂且中指对准裤线；挺胸、收腹；腿并，脚跟靠拢，脚夹角约成60度；女士还可交迭式、男式还可脚开窄于肩，双手交迭置腹前、女士V字形站立时双手可交迭置腹前。

（2）坐姿、蹲姿、上下车也要注意细节。

（3）行姿：身体协调、步伐从容、步幅适中、走成直线、姿势优美、步态平稳、步速均匀。

（4）人际空间。

私人距离：小于0.5米，又称亲密距离，好友、家人、夫妻、恋人、扶老携幼适用。

常规距离：0.5～1.5米，又称交际距离，站、行的正常距离。

礼仪距离：1.5～3米，又称尊重距离，可避免触碰与飞沫。

公共距离：大于3米，公共场合与外人相处的距离。

上下同欲者胜。

——孙武

团队协作

高效团队

1. 群体（Group）

两个或两个以上相互作用、相互依赖的个体，为了实现特定的目标而组合在一起的集合体。

群体要素如图 17-1 所示。

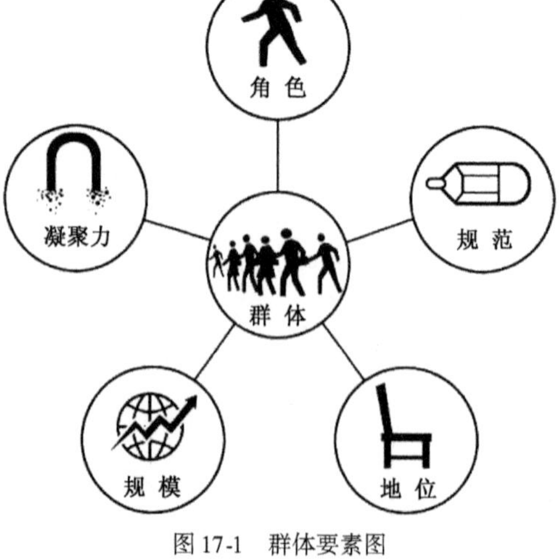

图 17-1　群体要素图

2. 团队（Team）

团队作为共同目标的一群人的组织，他们在工作中互相依靠，一同为结果负责。在这个过程中，团队成员把彼此看作是一个完整的社会实体。

数量不多的一群人，他们技能互补、目标相同、工作表现指标一致、具有协同的认知、彼此为对方负责。

团队和全体不可等同，有其独有的特征，如图 17-2 所示。

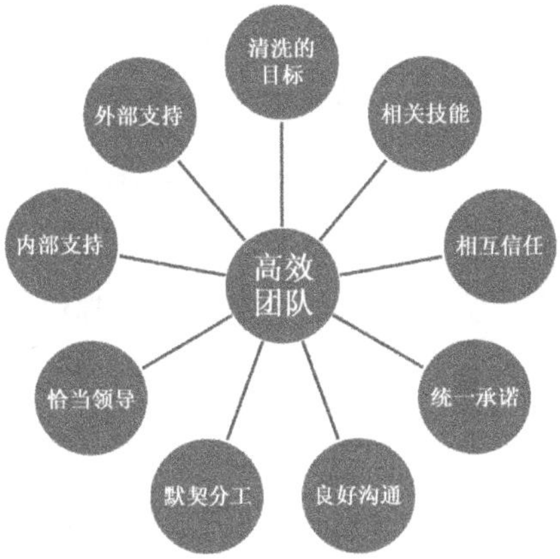

图 17-2　团队特征图

3. 群体和团队的差异

群体和团队的差异巨大，有效团队的产出如表 17-1 所示，这是单纯的群体所无法到到的。

有效团队产出表　　表 17-1

工 作 角 度	行 为 角 度	成 员 角 度
产量高：总成果多 效率高：单位成果多 产出率高：单位产出消耗少 质量好：产品好、服务优	顾客满意度高：达到或超过顾客期望 交流更通畅：有益的互动及信息共享 创新 参与度更高	凝聚力：感到成员之间同心协力 参与感：归属团队，对团队有贡献 自豪感 身份认同

团队建设

1. 团队规范形成——“分粥”的故事

有7个人组成的小团体，其中每个人都是平凡而且平等，但不免自私自利。他们想通过制定制度来解决每天的吃饭问题——要分食一锅粥，但并没有称量用具。那么怎么分才最有效呢？

方法一：指定一个人负责分粥事宜。很快大家就发现，这个人为自己分的粥最多。于是又换了一个人，结果总是主持分粥的人碗里的粥又多又好。阿克顿勋爵做出的结论是：“权力会导致腐败；绝对的权力导致绝对的腐败。”

方法二：大家轮流主持分粥，每人一天。虽然看起来平等了，但是每个人在一周中只有一天吃得饱且有剩余，其余6天都饥饿难挨。大家都认为这种办法造成了资源浪费。

方法三：大家选举一个信得过的人主持分粥。开始这位品德尚属上乘的人还能公平分粥，但不久他开始为自己和溜须拍马的人多分。

方法四：选举一个分粥委员会和一个监督委员会，形成监督和制约。公平基本上做到了，可是监督委员会常常提出种种议案，而分粥委员会又据理力争，等粥分完时，粥早就凉了。

方法五：每个人轮流值日分粥，但是分粥的那个人要最后一个领粥。令人惊奇的是，在这个制度下，7只碗里的粥每次都是一样的多。每个主持分粥的人都认识到，如果7只碗里的粥不同，他确定无疑将享用那份最少的。

2. 团队“规范”

团队规范包括隐含规范与明文规范，如图17-3所示。

3. 团队精神

真正的团队需要成员的内在规范认同，有大局意识、协作精神和服务精神，这就是“团队精神”。

图 17-3　团队规范示意图

团队信任：知道对方最关心什么问题。在这个阶段，双方认同彼此的价值观，能够建立起情感联系。

大局意识：时刻深知并服务于团队总体目标。

协作精神：注重协同，不突出个人。居功是团队精神的杀手。

服务精神：团队成员在与一切团队利益相关的人或团队的交往中所体现的为其提供热情、周到、主动的服务的欲望和意识。

4. 角色认同与执行

一个人了解了角色期望之后就有一个对角色规范的接受程度问题，即他是否愿意按照角色规范去做。一个人接受角色规范的要求、愿意履行角色规范的状况称为角色认同。没有角色认同就没有执行，即使勉强执行，效果也会大打折扣。

5. 团队精神培养

争取理解他人，并加强沟通以确认自己的理解。

以他人的思路为导向，使信息传达更易于理解。

与他人“感同身受”。

用心倾听。

要有利益让渡的准备。

6. 团队执行力

合理的要求是训练，不合理的要求是磨炼。执行力就是按时、按量、保质地把事情做好。

执行过程中，效果与效率关系如图 17-4 所示。

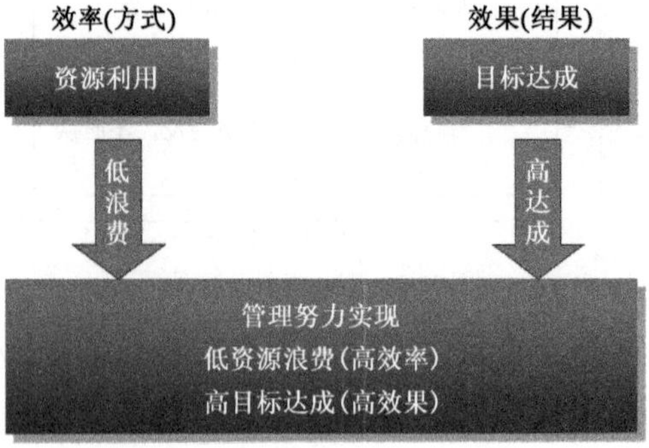

图 17-4 效果与效率示意图

7. 团队领导者

有多种与团队成员的相处方式：传统的等级制、管理者逐渐向团队成员授权的授权制、管理者作为团队的中心、管理者支持整个群体、管理者是同事和合作者。

这些方式有何优劣？你选择哪一种？

(1) 团队激励

表扬容易还是批评容易？

(2) 团队管理者的五大致命错误

不能真正了解老总

不能深入了解公司的文化

没有在自己的核心业务上开展工作

不会调动下属的积极性

拒绝承担责任

(3) 激励传达

激励传达的过程就是“沟通”

信任基础上的激励沟通

领导者的信任建立

规范的认同的执行（下不为例）

适当展示自己的能力

适当表现些缺点加强群体归属

不必说出所有的真相但要保证你说出来的都是真相

（4）激励维持

如何实现团队激励？要素主要有：沟通交流、支持下属、尊重下属、公正无偏、兑现承诺、展示实力。团队的激励维持模型如图 17-5 所示。

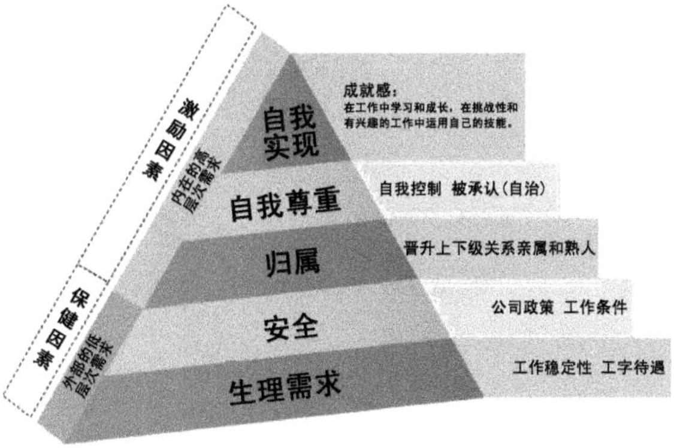

图 17-5 团队的激励维持模型

（5）团队领导者评估

在过去一个月内：

你是否表扬过某一团队成员，或者某一队员做出的团队贡献？

你是否为某一团队成员制定过明确的目标，或者具体跟进了以前设置的目标？

你是否对某一团队成员进行过具体的工作上的指导？

在过去三个月内：

你是否亲自参与过某一项目？

你是否跟某一个团队成员讨论过他/她的工作之外的人生目标？

你是否对全体团队讨论过团队的目标？

你是否对团队成员说过这样的话：“我错了”或者“教教我”？

你是否举办了全体团队的培训，而且你亲自担任了讲师？

你是否表扬、奖励过每一个团队成员？

在过去六个月内：

你是否召开过庆功会？

(6) 团队效果评估（宏观）

如何从宏观上评估团队效果？评估维度和主要因素如图 17-6 所示。

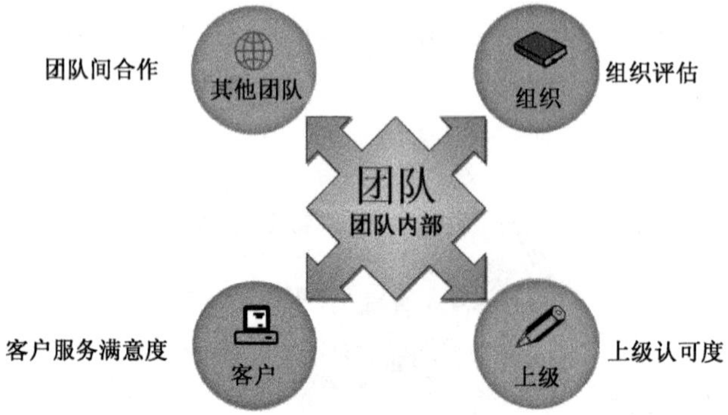

图 17-6　团队效果宏观评估图

(7) 团队效果评估（内部）

①成员参与度。

②团队人际力。

③团队和谐度。

④团队凝聚力。

⑤成员贡献度。

⑥团队中的人尽其用（人格）（表 17-2）。

团队成员类型表　　表 17-2

操作型	要求明确的、具体的体力的任务和操作技能；需要立即行动和获得强化；较低的人际关系要求；户外的
思辩型	要求具备思考和创造能力；社交要求不高；思考任务定向；要求实验室设备但不需要强体力劳动
创新型	通过语言、动作、色彩和形状表达审美原则；单独工作；对友谊有特殊标准；解释和修正人类行为；长时间埋头苦干

续上表

帮人型	解释和修正人类行为；要求高水平的沟通技能；热情助人；延迟强化；强调威望
说服型	有说服他人的能力；需要管理行为；完成督察性角色；需要做言语反应
谨慎型	要求系统的、常规的行为；体力要求极低；户内的；人际技能要求低；规章制度明确

团队成员价值观各不相同，要做到人尽其用。团队成员价值观如图 17-7 所示。

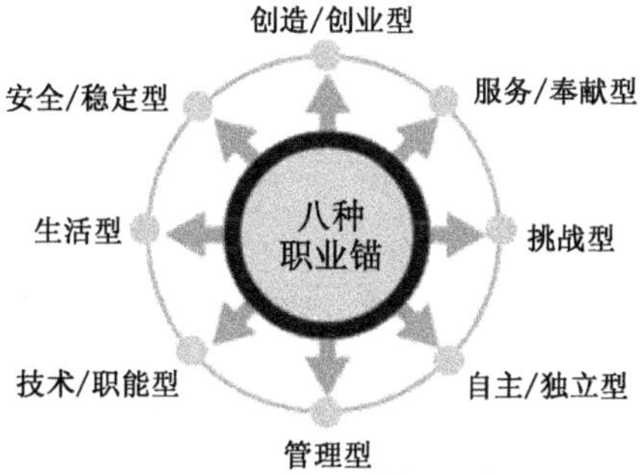

图 17-7　团队成员价值观示意图

8. 团队问题应对

（1）化解冲突

冲突指的是由于某种不一致或对立状况而使人们感知到彼此不相融合的差异。

（2）冲突种类

任务冲突：与工作内容、目标相关的——中低

关系冲突：群体中人际间的关系冲突——消减

过程冲突：关于工作如何完成的冲突——低

五种冲突应对方法如图 17-8 所示。

9. 团队执行

囿于传统官僚管理体系的模式，团队作为一个群体往往因为职责的分工，而使得跟进很难实施。每个人都“负责任”地完成了自己的工作，但却没有人对最终结果负责。

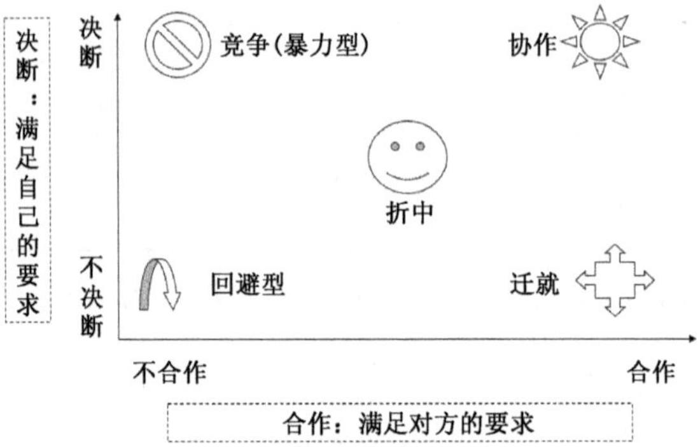

图 17-8　五种冲突应对方法图示

强化执行——负责追踪

明确此事所涉及的人，以及每个人所负责的内容；

协调整件事的时间计划，在哪个时间点完成哪些内容，安排各个人之间的前后衔接，尽可能并行的开展工作；

对关键障碍点有清晰判断，在此障碍点的发生时间之前，就应该提前介入，及时排解；

各个部分完成后，要把整件事由头到尾的所有流程全部走通，走顺，对不合适的地方进行修正；

在此事解决的过程中，要不断把当前进度周知应该了解进度信息的人，这包括：事情相关者，你的上级等。

10. 团队创新

充分发挥团队的积极价值，促进团队成果真的达到 1 + 1 > 2 的目的。

想一想

团队精神都包括有哪些素质？如何培养个人团队精神？

领导力就是开会的能力。

——翟鸿燊

会议管理

会议的有效准备

1. 理解会议

会议：聚会到一起议议，是一种目的性很强、组织有序、以口头交流为主要方式的群体性、多向性沟通活动。因此需要非常周密的准备工作。否则开会就成了“议而不决，决而不行，行而无果”的过场。

2. 会议成本

会议的成本 $=2A\times B\times T$

A 指的是与会者每小时平均工资的 3 倍；B 指参加会议的总人数；T 指会议召开的时间长短（以小时计算）。

10 个人参加，每个人的平均每小时工资是 40 元，开会时间是 4 小时，那么此次会议的直接成本就是 $=2\times 40\times 3\times 10\times 4=9600$ 元。

假如类似的会议每周召开一次，则全年按 50 周计算，总计会议成本为：$9600 \times 50 = 480000$ 元。

3. 会议必要性论证

要举行的会议是对解决问题不可或缺的吗？

沟通信息、鼓舞士气、解决问题。

会议的目标与会议成本之间平衡吗？

会议的准备工作是否充分？

会议过程中的干扰因素和意外是否有预备方案？

对会议召开的环境条件是否清楚了解？

参会者到达的便捷性、主持人的影响力等因素也提前做好思考。

4. 制约会议效率的因素

开会时机（中午饭之前）与地点（领导办公室）不妥；

许多会议召开都是主管“突发奇想”，与会者对会议目标不清晰，而且会议的准备会比较仓促；

会议过程中，主持人缺乏控制；

必须到会的相关人员未到；

从而导致：悬而不决、信息阻塞、本位主义、自由散漫……

5. 明确的会议守则

参加者要将工作安排交给会议主席，以保证会议必要人员的参与；

超过 1 小时的会议要有书面通知；

所有参会者要有准备发言的心态；

会议要准时开始与结束（使用沙漏）；

负责人对会议决议达成负直接责任；

会议过程中的与会者的彼此尊重；

会后两天内参会者拿到会议记录或者决议备忘。

6. 高效会议的人员准备

（1）主持人

思考清晰敏锐；善于言词表达；良好的分析能力；对事不对人的态度；公正；耐性；能灵活地应付“挑刺”人物；沉着并自我约束；具有幽默感。

（2）记录员

反应要敏锐；写字（或者打字）要快；对业务知识要比较了解；有较好的记忆力；有较好的文字组织、总结能力。

想一想

（1）有效地举行会议，需要什么样的流程。如果让你主持一次会议，你将怎么做？影响会议有效性的因素都有哪些？如何避免？__________________

（2）会议过程中几个重要角色分别是什么？都起什么作用？___________

会议实施过程

1. 会议热身

进入状态；

签到；

主持人说明规则；

所有与会者都要准备在会上发言；

准时开始，准时结束；

各业务单位负责人对决议能否达成负直接责任；

所有与会者应知道维护别人的尊严，不在会中羞辱别人，这条规则最重要，需特别注意；

意见不同是好事，议论才能面面俱到，甚至有人扮“黑脸”；

会议结束 2 ~3 天后，所有与会者应拿到会议记录；

所有与会者应承担起对会议质量进行反馈的职责。

2. 会议节奏控制

没有座位的会议室；

每个人都有“暴露焦虑”，即“惧怕在别人面前示弱”，由此导致的发言人只顾自己的优点，同时也只关注别人的不足，为纠正别人 5% 的错误而据理力争；因此需要主持人进行控制。

3. 主持人会议中的提问策略

主持会议过程中，提问应讲完策略，不同类型的问题和特点如表 18-1 所示。

问题类型及特点 表 18-1

问题类型	问题特点
棱镜型问题	把别人向你提出的问题反问给所有与会者。例如，与会者：“我们应该怎么做呢？”你可以说：“好吧，大家都来谈谈我们应该怎么做。”
环形问题	向全体与会者提出问题，然后每人轮流回答。例如：“让我们听听每个人的工作计划，小王，由你开始。”
广播型问题	向全体与会者提出一个问题，然后等待一个人回答。如：“这份财务报表中有 3 个错误，谁能够纠正一下？”这是一种具有鼓励性而没有压力的提问方式，因为你没有指定人回答，所以大家不会有压力。
定向型问题	向全体提出问题，然后指定一人回答。如：“这份财务报表存在 3 个错误，谁来纠正一下？小王，你说说看。”这种提问方式可以让被提问者有一定的准备时间。

4. 与会者的节奏把握

发言时不可长篇大论，滔滔不绝（视具体情况而定，但一般以 3 分钟为限）；不可从头到尾沉默到底；不可取用不正确的资料；不要尽谈些可能与预测；不可做人身攻击；不可打断他人的发言；别不懂装懂，胡言乱语；别谈到抽象论或观念论；不可对发言者吹毛求疵；不要中途离席。

5. 会议中的倾听

陌生沟通：可寻找8个共同点（表18-2），时间3分钟。

陌生沟通可寻找的8个共同点 表18-2

姓：________________	出生：___年___月___日
业余爱好：________________	喜欢颜色：________________
爱吃的水果：________________	居住地区：________________
最欣赏的人物：________________	婚否：________________

即便是完全陌生的沟通，我们也可以在3分钟内找出8个共同点，何况不是陌生的沟通呢？

6. 会议推动

要推动会议顺利进行，不同情况有不同的对策，如表18-3所示。

会议情况与对策对照表 表18-3

情 境	对 策
你想令讨论变得热烈	问小组一个开放式的问题
你想打断某项讨论	请某个与会者总结讨论
几个与会者在开小会	问与会者一个具体的问题
2名与会者就一个观点争执	请每个与会者总结其他人的发言
与会者问了你一个难以回答的问题	把问题转回给小组
你想调查对一个观点的支持程度	问小组一个具体的问题
你想知道自己是否是个成功主持人	询问小组的反馈意见

7. 有效达成决议

一个人提出给家里买一条狗的建议，结果呢：妈妈心里想的是一只小吉娃娃坐在枕头上；爸爸想到的是一条大金毛神气地走在他的身边；女儿心里想的是在她做作业时，一只可爱的卷毛狗安静地趴在她的腿上；儿子心里想的是一只德国黑贝可以在草地上玩闹……每个人都对一个相同的提议给予了赞同，但实质上他们赞同的并不是一个东西。

四种决议方法：权威型、共识型、无异议型、少数服从多数型。

人们倾向坚持自己已经说出的观点。

哪一种最好？

8. 会议记录

会议记录一般有其固定的格式，如表18-4所示。

会 议 记 录 表　　表18-4

会议名称：
时间：____________　会议地点____________
主持单位：____________　主持人：____________
参加者：
会议内容：

记录人签字：　　主持人签字：

9. 会议结束

尽量准时结束会议；

总结主要的决定和行动方案以及会议的其他主要结果；

回顾会议的议程，表明已经完成的事项以及仍然有待完成的事项；说明下次会议的可能议程；

给每一位与会者一点时间说最后一句话；

就下次会议的日期、时间和地点问题达成一致意见。

会议记录处理：重要的会议应录音，但事后要对录音进行有效处理。在会议的记录里，应该包括有以下内容：讨论过程中所达成的各种共识；有哪些证据支持此议案的通过及反对意见如何；分派工作的详细情况，及工作完成的具体时间与评价指标。

10. 推动决议执行

高效会议的高效正体现在这个“果”上。因此会议的跟进，是促进“果”达成的重要步骤。对此需要的是一个机制，而非主持人控制。比如建立决议的执行者上级抄送制。

11. 会议总结与备忘

反思：

对会议的前期通知，你还有什么意见与建议：____________________

对会议过程，你有什么意见与建议：____________________________

其他建议与意见：____

未成决议的会议成果：

××认为……，这也是一个不错的想法，但就目前而言，它太昂贵了。我们可能需要对此做些修改，然后在条件成熟的时候启用。

现在的法规不允许我们这样做，我们能不能把这个意见修改一下，使得它符合规定呢？

对一个大公司来说，这是个不错的产品。但我们是个小公司，有办法采用这样的意见吗？

想一想：

（1）会议过程都有哪些核心环节？_________________________________

（2）作为会议主持人，应该如何使会议有效推进？___________________

（3）就会议议程的跟进，都有哪些重要事项？_______________________

（4）作为一个主持人，如何有效促进会议议程的实施与推进？_________

特殊会议

世界变化太快了，e-mail、e-business、e-love、e-learning、e-book、e-mart

……我来自农村，电脑水平很低，心里很惶恐，将来会不会跟不上社会，被e掉？——无论e什么，e都只是定语，主词仍然是mail、business、love、learning、book、mart……

1. 新形式的会议

新形式的会议有：电话会议、视频会议、网络会议。

2. 会议中的群体心理现象

会议中的群体心理现象主要有：社会懈怠、从众心理、团体极化、团体动力、智慧启发。

3. 消极心理现象应对

（1）社会懈怠：明确说明会议记录中会记录每个与会者就会议主题的观点、论据等信息，强调责任的个人化。使与会人员明确参加会议的目的，知道会议结果对自己工作绩效的影响。每次会议的与会人员不要太多，尽量所有与会人员都有表达想法的机会。

（2）从众心理：避免不同层级的沟通。

（3）团体极化：责任的个人化，使用“六顶思考帽”。

在当今社会中，一切都是项目，一切都将成为项目。

——Paul Grace

项目管理

项目管理概述

在当今社会中，一切都是项目，一切都将成为项目。项目管理是目前企业运作中最常用的运作方式，不懂项目管理将在未来的企业中无法生存。

1. 工作和生活中的项目

工作中：搞一次大型 Party；举办一场婚礼；筹办一次校友聚会；组织一次旅游活动；装修一套房子。

生活中：产品问题攻关；开发一门课程；组织一次国际认证；某产品市场调研；年度客户满意度调查。

人类的活动有 1/2 是通过项目的形式来开展的。

2. 什么是项目

项目是为提供某项独特产品、服务或成果所做的临时性努力。所谓项目，简单地说，就是在既定的资源和要求的约束下，为实现某种目的而相互联系的一次性工作任务。

3. 什么是项目管理

项目管理是在项目活动中运用知识、技能、工具和技术，以便达到项目要求。

项目管理通过应用下列过程得以完成：启动，计划，执行，控制和收尾。

项目管理的主要工作：满足和超过项目干系人对项目的需求和期望；在范围、时间、成本、风险和质量的矛盾之间寻求平衡；实现既定的需求目标。

4. 项目管理过程

第一步：启动项目

包括发起项目，授权启动项目，任命项目经理，组建项目团队，确定项目利益相关者。

第二步：计划项目

包括制定项目计划，确定项目范围，配置项目人力资源，制定项目风险管理计划，编制项目预算表，确定项目预算表，制定项目质量保证计划，确定项目沟通计划，制定采购计划。

第三步：实施、跟踪与控制项目

包括实施项目，跟踪项目，控制项目。

第四步：项目收尾

包括项目移交评审，项目合同收尾，项目行政收尾。

项目管理中需要注意的问题

项目管理的知识要转变成技能，就需要经常的练习，才能变成习惯。利用课堂的环境进行角色扮演是进行项目管理的一个良好途径，要鼓励学生积极参与，并及时发现自己的问题，进行纠正。

1. 角色分配

项目中的角色有：项目发起人、项目经理、项目团队领导、项目团队成员。

（1）项目发起人

发起人授权项目。发起人也有权交代工作范围，给工作提供必要的资源以及认可或拒绝最终产品。换句话说，发起人是有实权的。

他能够：在最高层次上维护这个项目；清除组织的障碍；提供成功所需的资源；有效地和首席执行官及主要相关人士进行沟通。

项目发起人的职责：确保与组织其他人员，尤其是领导者，就项目的进展进行沟通。确保高层管理者支持项目团队的决策和方向。提防那些可能影响项目目标的公司目标发生任何变化。项目目标必须与公司目标保持一致。

切记有些经理不愿下属把完成项目任务和日常工作的时间分开。与这些经理们一起工作以消除这种困难。

（2）项目经理

项目经理独立负责计划和规划项目任务以及项目执行的日常管理。

项目经理接受发起人授权，并且在项目生命周期的每一个阶段，从设计和组织到项目收尾和评估，以及在每件事情之间，扮演着主角。

项目经理的职责：招募有效地项目成员；提供一个项目活动的框架；保持理念清晰；协调活动；与高层领导者进行协调，尤其是与发起人进行协商；调解冲突；弄清所需资源；设置里程碑；管理预算；确保每一个人做出贡献及获得利益；保持工作正常进行；确保按时并按预算交付项目目标。

（3）项目团队领导者

团队领导者必须扮演五个重要角色：发动者、模范、协商者、倾听者和督导。他们也必须像团队成员一样努力工作。

一个团队领导者应该具有我们熟悉的领导技能。同时还需要一个积极面对团队工作的态度，以及丰富的项目经验。

项目团队领导者应该获得团队成员的充分的信任。项目团队领导者如果具有项目相应的技能和经验，将有助于获得团队成员的信任。

团队领导者的职责：定期与项目经理就项目进展中存在的问题进行沟通；定时地评估团队进展、成员的意见；确保每一个人都在为团队做贡献；承担一份责任。

（4）项目团队成员

招募具有相应技术的合适人员。

技能评估：

第一步：客观地评估完成这项任务所需的实际技能是什么。第二步：确定组织内的人员中，谁有合适的技能。

项目成员的人际技能非常重要；尽可能减少人员流动。

项目成员数量的多少：确保有适量的人员来做这项工作。

判断团队成员人数的几个标准：能经常且容易地召集团队成员；成员能进行经常且有效的沟通；不需要增加人员就可以完成这个工作。

团队成员的职责：按时完成所有规定的任务；对不满的事情进行沟通并关心领导和其他成员；支持领导者和其他成员；当别人请求帮助时就帮助他们，当自己需要帮助时就请求帮助。

2. 有效项目团队的特征

有效项目团队的特征有：能力；一个清晰的共同目标；对共同目标承担义务；建立一个每一个人都做出贡献和每一个人都能获益的环境；一个支持的结构；项目目标与组织目标一致。

3. 项目章程

项目章程是正式批准一个项目的文档。

项目章程应当由项目组织以外的项目发起人或投资人发布，其在组织内的级别应该能批准项目，并有相应的为项目提供所需资金的权力。

项目章程的编制主要侧重于记录商业需求、项目缘由、对顾客需求的理解和满足这些需求的新产品、服务或结果。

一个项目章程需要清楚项目的范围，需要向相关人士阐述项目的价值、必须建立的时间框架和可以支配的资源。

章程内容：项目发起人的名字；项目目标与更高层组织目标的关系；项目给组织带来的收益；项目预期的时间框架；项目成果的具体描述；项目团队可获得的预算、配置以及资源；项目经理的授权；发起人的签字。

4. 行动框架

行动框架也就是项目的行动准则，为项目的运行设定了一定的规则和程序。包含决策的规则、对未解决的问题的跟踪和处理、对项目运行过程的文档记录、项目的沟通计划以及项目的预算等。

项目管理中重要的概念和工具

由于大多数学生来说并没有项目管理的经验，可能对项目管理的重要性会认识不足，因此需要加强这方面的引导。让学生产生积极的联想，在日常生活中如何通过工作分解以及一些辅助手段来强化项目管理能力。

1. 工作分解结构（WBS）

WBS（Work Breakdown Structure）主要是将一个项目分解成易于管理的几个部分或几个细目，以便确保找出完成项目工作范围所需的所有工作要素。

结构层次越往下，项目组成部分的定义越详细，WBS 最后构成一份层次清晰，可以具体作为组织项目实施的工作依据。

（1）WBS 的方法

WBS 的方法有：借鉴经验法、系统思考法——自上而下、发散归纳法、参照模板。

（2）如何进行 WBS

得到范围说明书或工作说明书。

召集有关人员，集体讨论所有主要项目工作，确定项目工作分解的方式。

分解项目工作。如果有现成的模板，应该尽量利用。

画出 WBS 的层次结构图。WBS 较高层次上的一些工作可以定义为子项目或子生命周期阶段。

将主要项目可交付成果细分为更小的、易于管理的组分或工作包。工作包必须详细到可以对该工作包进行估算（成本和时间）、安排进度、做出预算、分配负责人员或组织单位。

验证上述分解的正确性。如果发现较低层次的项没有必要，则修改组分。

如果有必要，建立一个编号系统。

随着其他计划活动的进行，不断地对 WBS 更新或修正，直到覆盖所有工作。

（3）检验 WBS 是否完全的标准

每个任务的状态和完成情况是可以量化的。

每个任务都有一个可交付成果。

工期易于估算且在可接受期限内。

容易估算成本。

各项任务是独立的。

2. 甘特图

甘特图通过条状图来显示项目、进度和其他时间相关的系统进展的内在关系随着时间进展的情况，是目前项目管理的常用方法之一可以强化项目管理能力。

绘制甘特图的步骤：

（1）明确项目牵涉到的各项活动。内容包括项目名称（包括顺序）、开始时间、工期，任务类型（依赖/决定性）和依赖于哪一项任务。

（2）创建甘特图草图。将所有的项目按照开始时间、工期标注到甘特图上。

（3）确定项目活动依赖关系及时序进度。使用草图，并且按照项目的类型将项目联系起来，并且安排。

（4）计算单项活动任务的工时量。

（5）确定活动任务的执行人员及适时按需调整工时。

（6）计算整个项目时间。

3. 关键路径法

工期总和最长的一条路径称为关键路径，它是完成该项目所需的最短时间。关键路径上的每一项任务都是关键任务，这些任务的完成时间一有延迟，就会影响项目或阶段的完成时间。

识别关键路径的方法：

（1）将项目中的各项活动视为有一个时间属性的结点，从项目起点到终点进行排列；

（2）用有方向的线段标出各结点的紧前活动和紧后活动的关系，使之成为一个有方向的网络图；

（3）用正推法和逆推法计算出各个活动的最早开始时间，最晚开始时间，最早完工时间和最迟完工时间，并计算出各个活动的时差；

（4）找出所有时差为零的活动所组成的路线，即为关键路径；

（5）识别出准关键路径，为网络优化提供约束条件。

项目成功的标准

如何判定项目成功与否？评判要素是什么？评判要素及关系如图 19-1

所示。

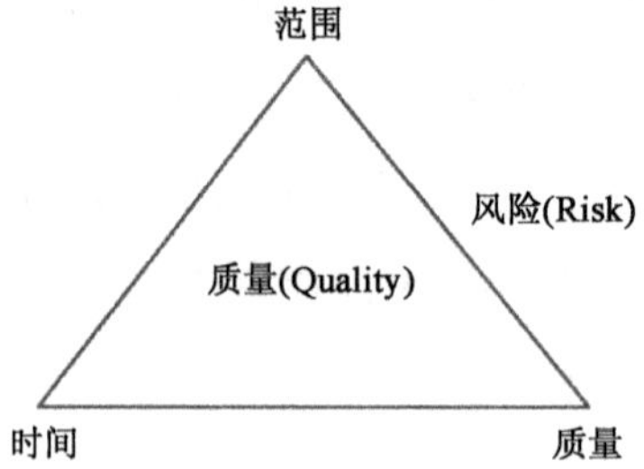

图 19-1　项目成功判定标准

1. **项目成功的因素**

项目的目标、范围是否明确；是否获得领导的积极支持；项目的组织是否健全、稳定；是否建立了有序的、有效的、良好的沟通渠道；是否具有有效、全面的项目管理和严格的变更控制；是否建立了良好的、积极的、团队合作的工作氛围；项目经理的经验。

2. **项目失败的因素**

缺少必须承担的义务和方向；没有项目策略上的一致性；变化中不明确的效益；不明确的目的/目标；组织与项目目标不一致；资源限制；不明确的职责；不断变化的要求；没有最终用户介入；不规范、低效的沟通。

想一想：

1. 如何对项目进行工作分解结构？＿＿＿＿＿＿＿＿＿＿＿＿＿＿＿＿
2. 如何绘制甘特图？＿＿＿＿＿＿＿＿＿＿＿＿＿＿＿＿＿＿＿＿＿＿
3. 关键路径法在项目管理中具有什么样的作用？＿＿＿＿＿＿＿＿＿＿

人职匹配与骑驴找马

近年来，随着大学的扩招，大学毕业生越来越多，加之当前社会的经济发展状况，大学毕业生产生个人择业观念变化等一系列的问题，导致大学毕业生就业面临很多困难。

在如今大学生就业不是很乐观的时期，“先就业，后择业”的观点越来越广泛地影响着毕业生就业市场。

大学毕业生找不到宝马良驹，马中赤兔，不妨先找头驴骑上，边走边找。

在这种择业观点的引导下，到了每年毕业季，就会有数以百万计的大学毕业生，看到别人就业，自己也就盲目地找到了属于自己的那头“驴”。提交简历，考试、面试，通过后上班了。也不管自己找的“驴”的脾气如何，负重如何，能否长途跋涉。一旦骑上，发现自己找的这头“驴”脾气不好，经常尥蹶子；瘦骨嶙峋，骑上去硌得慌。于是乎，“骑”上去时间不久就受不了了，想把胯下的“驴”给抛弃了。但是，这个时候并没有宝马良驹啊！

赤兔已随云长去，宝马良驹难驾驭！

可是，实在受不了胯下的脾气不好的瘦驴。于是跳下来，又上了另一头驴。不合适，再跳下来，再选择……无止的选择，只是驴和驴之间的交换，甚至不少时候，跳下来了，想再找一头驴也不是那么容易的事了。

这就是我们大学生就业市场的“骑驴找马”现象，书面用语就是“先就业，后择业”。

但是，我们翻翻书，看看那些关于职业生涯发展的理论，不管是职业生涯之父弗兰克帕森斯的特质因素论，还是霍兰德的职业兴趣理论，哪一个理论提倡脱离个体的特征，一味地要求人们去择业呢？

每个人都具有自身鲜明的个体特征，每个人都拥有属于自己的人格、兴趣和气质。正确的理论、先前辈专家，指导我们在就业的时候要充分、全面地认识自我，根据自己的性格、能力、价值取向、兴趣等一系列自身特征去寻找工作。

找一个你爱的、它也爱你的工作。但是，这样的工作在哪里？我的学生问过我，帕森斯和霍兰德在提出他们的理论的时候，没有想到我们的大学扩招、毕业生连年翻倍的增长吧？肯定也没有想到2020年全球新冠肺炎疫情大爆发。我们就业，不骑驴找马，会饿死的。

我们能彻底否定“骑驴找马”的择业观念吗？似乎不容易！每年几百万的大学毕业生，有限的新增就业岗位，不完善的就业制度和人才制度，我们很难能保证人尽其才，人及其用。不少人一时找不到自己的宝马良驹，骑上了一头驴，在所难免。这也是我们为什么要“骑驴找马”的关键所在了。

生存。这是我们不得不委曲求全、拉过来一头驴凑合的重要原因。按照马斯洛需求层次理论来看，生理需求是一切的需求的基础。所以，为了生存而骑驴找马，这个理由非常充分。

接着我们就要分析，骑驴找马到底是个什么含义了。驴是一头什么样的驴，马是一匹什么样的马，还有骑在驴身上的人的内心想法是怎样的。

首先，找一头什么样的驴，这是骑驴找马的关键之关键。前面讲，有的时候骑驴找马在所难免，但是找一头什么样的驴，这决定着今后能不能找到自己合适的马。如果找的驴是不经过筛选，随意从驴圈中拉出来的，骑上去，不称心，不如意，不打不走，打它倒退。骑上这样的一头驴，很显然，对今后的发展是不利的，对于找到一匹称心如意的宝马良驹更是不利的。

所以，尽管是不得已而骑驴，一定要对驴进行严格的筛选，找一头毛光体健的、健康的驴，一旦骑上去，我们能一步步接近自己的目标，更好地找到属于自己的宝马良驹。

其次，什么样的马值得你“卸磨杀驴”。很多时候，很多事情，我们都会日久生情，有的时候驴骑得时间长了也是很顺心、很舒服的，不见得会比一些体质不好的马差多少。不要看到一匹马，不管三七二十一就“卸磨杀驴”，放弃了自己相伴很久的伙伴。尽管是马，也分三六九等，也要看看自己能不能驾驭。

所以，当确定要“卸磨杀驴”的时候，一定要看看你找到的马和你曾经骑过的驴相比是不是跑得更快，是不是能让自己曾经骑驴的技能得到更好的发挥和发展。

最后，“驴”并不是一无是处，骑驴也并不见得是坏事。关键是骑在驴上的人要心平气和，追求进步，不要骑在驴上忘记目标，不能骑在驴上丧失志气，更不能骑在驴上心浮气躁，频频换驴，否则就是真正的骑驴找驴，永远找不到属于自己的宝马良驹。

所谓“计划不如变化快”。我们做的规划都是基于计划制订前的条件和认知。在计划执行过程中，无论我们自身还是外部环境都在不断地变化，或大或小。这些变化或许影响到计划的执行，甚至改变计划，也或许影响较小，我们克服困难或微调计划，继续执行。骑驴找马绝不是要大家三心二意，而是提醒大家，人职匹配当然是我们想要的理想状态，但凡事往往十之八九并不能尽如所愿。我们要知道，职业生涯规划本身就是一个不断审视调整的循环过程，要有迎接变化的心态，也要有顺应变化的能力。只有这样我们才能在这个快节奏多变化的社会中生存和发展，向着自己的目标，为理想前行。